# 言葉は力　2018

言葉は力です。
たましいを持った言葉は一人歩きをし、
現実を形づくります。
言葉はまた、魂の食物です。
人間の魂は、言葉という食物を
食することによってのみ、成長していきます。
言葉はエネルギーです。

# 『言葉は力 2018』目次

※発言者ならびに選者の敬称は略させていただきました。
また、発言者の肩書は原則として当時のものです。

装幀・ブックデザイン／フロッグキングスタジオ

# 稲盛　和夫（京セラ会長）……………………『致知』1987年2月号特集「創る」

その人がかねて心で思っていること、
その集積したものが、
その人の持っている雰囲気というものを作り、
それが結果的には人柄というものになっていく。

創業者である父の後を継ぎ、社長となって、様々な問題にぶつかり、気が付けば『致知』を手に取っておりました。自分が盛和塾に入塾したのを知ると、何も言わずに過去記事の載っている本『命ある限り歩き続ける』を渡してくれました。小学生の頃、父が『致知』を読んでいる姿を思い出し、当時大変強気な言葉が多かった父も、同じような悩みを持っていた事に気付き、感謝の気持ちが湧くと同時に、幼稚な対抗心から当時取った自分の行動や言動に心底反省致しました。今、そのことに気がつけたことが、さらに大きな感謝の気持ちへと繋がっております。

内藤　祐一（46歳・男性・神奈川県）

## 安岡　正篤（東洋思想家）……『致知』1999年6月号連載「巻頭の言葉」

# 俗望《ぞくぼう》を捨て、雅望《がぼう》に生きる

（牛尾　治朗氏紹介）

中間管理職であった四十代の頃、人間関係に悩み一時体調を崩したことがあった。このような状況の時、右記の言葉に接し今まで俗望の世界にどっぷりと浸かって生きてきたことを反省する契機となった。雅望の世界があることに気付かされ、心の安らぎを覚え肩の力がストーンと落ち、悩みも体調も癒えていったことを思い出します。その後埼玉県嵐山《らんざん》町にある公益財団法人郷学《きょうがく》研修所・安岡正篤記念館の各種研修会に参加し、良師良友とのご縁を頂くことになった。退職後の人生も心の満足感や充実感をもって生きる支えになっている。

小松　功（75歳・男性・埼玉県）

## 松原　泰道（南無の会会長・龍源寺元住職）…………『致知』2002年11月号特集「人の心に光を灯す」

「只管打坐《しかんたざ》」の「只管」、
一般には「ひたすら」といったように訳すようですが、
「それよりほかにない」「こうするほかはない」
といったニュアンスで、自分の生き方に
「いま、ここ」を迫られる緊張感に身が引き締まります。

当時私は四十四歳。中堅教師として地域の中で最も厳しい状況の学校に赴任しました。家庭環境や成育歴を含めて生活指導上困難な生徒集団の指導に悪戦苦闘の毎日でした。

また教師集団も意思統一がされず学校は葛藤の渦の中でもがいていました。私は鬱《うつ》病になり通院をしました。その時に「只管」の言葉に出会いました。胸の中が晴れて見通しが持てました。どんな苦難があろうと「いま、ここ」の目の前の生徒と学校に集中すればよいのだと、百万人の味方を得たような言葉でした。

浦野　浩一（60歳・男性・東京都）

## 小林　正観
（潜在能力研究家）……………………………『致知』2003年1月号特集「言葉が運命を拓く」

現在ある言葉の中で、
最高の影響力を持った言葉は
「ありがとう」の五文字でしょう。

『致知』二〇〇三年一月号は、特集「言葉が運命を拓く」です。「私は唯物論者」とおっしゃる正観さんの、「宇宙法則」（今回はありがとうの法則）は、精神世界や宗教世界とは違い、ただ繰り返し口にする事で、健康や運命までも変える最高の波動で、最強の力があると話されています。

当時、この記事を読んで、正観さんに興味を持ち、発刊される書籍は全て購入し今も大切にしています。正観さんの宇宙法則はとてもシンプルで、難解ではなく、全て実証済みのため大いに納得しました。現在に至るまで、物事を考える時の基本の一つになっているような気がします。

片岡　博文（60歳・男性・兵庫県）

## 桂 小金治（タレント）……『致知』2003年10月号特集「人生を支えた言葉」

# 努力の上に辛抱という棒を立てろ。

親の虐待のニュースがない日はないというほど多い現在。

桂小金治さんのお父さん。

実際に草笛を吹いて聞かせ、小金治さんが諦めた時の素晴らしい言葉と教えに感動しました。

また息子を信じて三日前からハーモニカを褒美として買っておいたお父さんの優しさと、粋な感じがして素晴らしい言葉とお話でした。

田中 秀幸（52歳・男性・千葉県）

## 坂村　真民（仏教詩人）

『致知』2004年2月号特集「一道を行く――坂村真民の世界」

# 皆さんは本当に二度とない人生を生きていますか。実行せずして、実践せずして、二度とない人生はないんです。

『致知』を読み始めるきっかけになった一冊で、今も大切に保存し時折読んでいる。特集「一道を行く――坂村真民の世界」で、どこを読んでも感動させられる言葉があふれていて、自分を支え、励ましてくれる。

自分がこの世に残せるものは何かを考えながら、持ち前の好奇心で経験を重ね、市役所を退職して、「ケーキで口福を」をテーマにシフォンケーキの家「楽楽」を開店させた。食べる人を思い浮かべながら、ありがとうの念を込め、一個一個焼き上げています。好きなことをして、人に喜んでもらえる幸せを感じています。

野家　数夫（65歳・男性・宮城県）

# 釈迦

『致知』2005年9月号特集「心の力」

## 心の師となれ。心を師とせざれ。

（特集総リードより）

心には力がある。その力はプラスにもマイナスにも働く。それ故、古《いにしえ》の聖賢は心を鍛え、調《ととの》えることの必要を教えた。

「心の師となれ。心を師とせざれ」

釈迦の晩年の言葉だと書かれている。

四十歳で地方には珍しかった「カルチャースクール」を起業しました。女だてらに女のくせにと非難・批判されつづけ、資金面でも苦しくなってめげていた五十五歳の頃、出会ったこの言葉を念仏のように唱えて乗り切りました。地位も名誉もお金もないけれど、起業理念である「地域の文化向上の一助になりたい」「女性たちに輝いて生きてもらいたい」という「心」だけは持ちつづけよう。今この瞬間を大切に、心を調え、高めていこうという「心の力」を信じて今日まで生きてきました。何もかも失った、3・11の後もこの言葉に助けられました。

川崎　葉子（67歳・女性・福島県）

# 特集総リード

『致知』2005年12月号特集「縁を生かす」

人は誰でも無数の縁の中に生きている。無数の縁に育《はぐく》まれ、人はその人生を開花させていく。大事なのは、与えられた縁をどう生かすかである。

「縁を生かす」という雑誌の抜粋《ばっすい》をある専門学校の先生から渡された。その内容を読み心の底から感動し、自分自身もこのような教師で在りたいと感銘を受けた。早速この雑誌の事を調べ、私は『致知』と出会ったわけである。これもまさしく縁である。『致知』を知らずに過ごす教師生活と、『致知』を知ってから過ごす教師生活とでは明らかに違いが出てきた。まだまだ教師として未熟ではあるが、日々『致知』からの学びを生かし、一人ひとりの子どもたちとの縁を大切に、未来へと繋がる子どもたちを育んでいきたい。

草尾　寛子（39歳・女性・熊本県）

# 野田　一夫（財団法人日本総合研究所会長）

## 言葉にその人の生きざまがにじみ出なければ。運は信念で、運は準備で、運は連鎖です。

……………………『致知』２００６年1月号特集「立志立命」

　第二子を出産し僅《わず》か八ヶ月で第三子を授かった時でした。第二子を産んだ産婦人科にエステルームをお願いして作って頂き、出産しながらも十年間三百六十五日休まずママさん達にリラクゼーションを提供させて頂いておりました。時間もなく毎日生きるのが必死でした。兎《と》に角《かく》なりたい自分になる事、私が輝いて生きている事は、先祖を大切にする姿であり、子供達への勇気になると三つの運に励まされて生きてまいりました！

岩瀬　和美（50歳・女性・群馬県）

# 森　信三（哲学者）……『致知』2006年6月号特集「開物成務」

「時処位《じしょい》の自己限定」
人は誰でも一つの時代に一つの処《ところ》で
一つの位（立場、役割）を得て、生きている。

（特集総リードより）

十年程前、「時処位の自己限定」と書かれたハガキを致知出版社藤尾社長からいただいた。「いまいる場で全力投球する者に天は運という橋をかけてくれます」と、わかりやすく温かい解説が添えられていた。以来この言葉は自分のお守りとなった。会社のデスクに貼り、気が沈みそうな時に唱えて過ごした。力をくれる言葉として周りにも紹介してきた。想いは伝播《でんぱ》し、二〇一七年福岡地区で「時処位の自己限定」など『致知』の言葉を朗読で紹介する番組の放送につながった。この言葉は「喜びのたね」も蒔いてくれた。

麻生　昇（52歳・男性・福岡県）

# 特集総リード

## あの素晴らしい『致知』を作っている会社を見てみたい。

『致知』２００６年７月号特集「人学ばざれば道を知らず」

高校を卒業した一人の若者が、大学入学前の休みを利用し奈良から上京。その目的は致知出版社訪問。その一途《いちず》な気持ちに胸が熱くなりました。

縁あって九州熊本から北陸金沢へ移り住んだのは二十七歳の時。バブルもはじけ、工場閉鎖、私は「世の為人の為」の気持ちだけで起業。六十一歳五ヶ月の決断でした。それが二〇〇六年三月二〇日。私は師との出会い、いい本との出会いに飢えていました。そんな折『致知』七月号を手にしました。その特集総リードの中にこの言葉を見付けました。

私は今はなき母に、「人に迷惑をかけない。少しでも人様のお役に立つ生き方を」と教えられました。この記事が、母の遺言ともいえる言葉を強く想起させてくれました。藤尾社長の魂の叫びが、若者の一途な行動として私に伝播《でんぱ》し、幾度となく会社の危機をのりこえるパワーの源となったのです。自らの徳性を磨き続けることなくば社業の発展もないと肝に銘じ、社内木鶏会《もっけいかい》の充実に邁進して参ります。

辻 幸雄（73歳・男性・石川県）

# 八杉　康夫（戦艦大和語り部）

『致知』２００６年７月号特集「人学ばざれば道を知らず」

若者よ、
君たちが生きるきょうという日は
死んだ戦友たちが生きたかった未来だ。

現役の航空自衛官だった頃、准曹士先任（准曹士隊員の代表として直接指揮官を補佐する役職）の同志達と『致知』の心に響いた記事を共有する機会を毎月設けていました。特にこの言葉は、今我々が過ごしている現代は、先人達の、軍人としての大先輩達の、この国の未来に魂を傾注《けいちゅう》した祈りによって成り立っているということを痛感しました。この国が千代に八千代に栄える礎《いしずえ》となるよう、この思いを後輩隊員に受け継いでいくことを皆で誓ったことを、生涯忘れません。定年退官したこれからも、一般人として、広く多くの人に伝えていきます。

五十川　弘臣（56歳・男性・石川県）

# 坂村　真民（仏教詩人）

……………………『致知』2006年8月号特集「悲しみの底に光るもの」

かなしみは　みんな書いてはならない／かなしみは　みんな話してはならない／かなしみは　わたしたちを強くする根／かなしみは　わたしたちを支えている幹／かなしみは　わたしたちを美しくする花／かなしみは　いつも枯らしてはならない／かなしみは　いつも湛《たた》えていなくてはならない／かなしみは　いつも噛《か》みしめていなくてはならない

（特集総リードより）

特集「悲しみの底に光るもの」総リードのタイトルの意味を説明された文章の中に紹介された詩です。

私達が最愛の娘を突然亡くして、悲しみのどん底にあった私の心に一番なぐさめを与えてくれた言葉です。この特集は私達夫婦を救ってくれています。

松永　巳喜男（77歳・男性・東京都）

# 作者不詳

『致知』２００７年３月号特集「命の炎を燃やして生きる」

大きなことを成し遂げるために／力を与えてほしいと神に求めたのに／謙虚さを学ぶようにと、弱さを授かった／（中略）成功を求めたのに／得意にならないようにと、失敗を授かった（中略）求めたものは何一つとして与えられなかったが／願いはすべて聞き届けられていた／私はあらゆる人の中で／もっとも豊かに祝福されていたのだ

（神渡　良平氏紹介）

取締役営業本部長として業績はうなぎ昇り。自分のやり方が正しいから伸びていると自信満々だった。拡大するために赤字の同業他社を買収。助ける意味もあったが、今思えば傲慢だった。単身乗り込み、あれをやれ、これをやれと上から目線で指示。面従腹背《めんじゅうふくはい》。反発が日増しに増してきた。親子で初めての経営指針発表会での子会社幹部の第一声は「バカヤロー。冗談じゃない！」凍りつく会場。色んな理由はあるが反省した。ちょうどその時に見たのが、この言葉。手帳に貼り、慢心しそうな時読み返す。　山田　旬（47歳・男性・千葉県）

# 特集総リード

『致知』2007年5月号特集「場を高める」

人にはそれぞれ与えられた場がある。
その場がたとえどんなにささやかであっても、
その場を少しでも高める。そこに集う人々の心も高める。
あなたはあなたのいる場を高めているだろうか。

二〇〇七年五月号が私の『致知』人生の出発点となった。特集が「場を高める」。その末尾にあったこの言葉に私はしびれた。そして思った。これを書く人は只者《ただもの》ではない。一体どんな人が書いているのだろう。創業して十八年、職員がここに勤めてよかったと思う職場にしたい。その理念をほぼ達成し六十歳を間近にして自分のすべきことはやった。そんな妄想から醒《さ》まされた。「場を高めねばならん」。爾来《じらい》『致知』の勉強会にも参加し、職員と共に古典を読み、木鶏会《もっけいかい》を続けた。場はずいぶん高まったように思うが、その只者ではない人に出逢った為に私の余生は無くなった。

丹生谷 宗久（68歳・男性・愛媛県）

# 荒川　祐二

『致知』２００７年７月号連載「致知随想」

自分ができる小さなことを積み重ねていけば、それによって必ず自分の人生は輝き出す。それがゴミ拾いを通して得た学びであり、一灯照隅《いっとうしょうぐう》の生き方ではないかと思っています。

私がゴミ拾いを始めたのは、この随想を読んでから一年後のこと。ガンだった父の死は、ほどなく受け入れられましたが、個人事業主で死ぬ間際まで仕事をしていた父は、事業を畳むことの準備など全くしていませんでした。会社勤めで後を継がなかった私を待っていたのは、事業資産を二足三文で買い叩く心ない人達の姿。四十年で築き上げた事業は跡形もなくなりました。そして、父が残してくれたものはただ、正直で真っ直ぐな生き方だったと気付きました。「残るのは生き方だ」。その思いで毎日続けているゴミ拾いは、もうすぐ十年になります。

森　誠志（48歳・男性・福岡県）

## 野口　芳宏（日本教育技術学会理事・名誉会長）……『致知』2007年9月号連載「いま、日本の教育をどうするか」

**やっぱり本当に伸びる人は、身銭を切って、自分の時間を費やして学ぶんです。教師自身が自ら学ぶことの素晴らしさを身につけてこそ、初めて子どもたちに学ぶ楽しさを教えられると思うんです。**

年に何回か、野口芳宏先生が講師を務められる勉強会に参加している。参加するときは、「模擬授業を行うこと」「何らかの提案をすること」を心がけている。模擬授業や提案を行うためには、事前の準備がいる。「休日に、自費で、勉強会に参加する」教師を相手に、いい加減なことはできない。当日も、勿論緊張する。そのような経験を重ねることで、ほんの僅かずつであるが、授業の腕が上がっていく。今年は、子ども相手の授業を野口芳宏先生に参観していただく機会に恵まれた。野口芳宏先生を師と仰ぎ、これからも教師修業を続けていく。

早川　広幸（51歳・男性・愛知県）

## 作者不詳

# あれを見よ／深山《みやま》の桜咲きにけり／真心尽くせ／人知らずとも

『致知』2009年4月号特集「いまをどう生きるのか」

（松原　泰道氏紹介）

尊敬する人生の先輩から折に触れて、「『致知』くらいはお読みになったほうがいいですよ」と言われていた言葉を頼りに、手元にあった致知出版社発行の本から自主購読を決めました。五十代半ば、何とか誠実に生き続けなければ、と燻《くすぶ》らせていた想いが、購読開始とともに鮮明になりました。程なくして、新春特別講演会での松原泰道ご老師様のご講話内容が載りました。感動し繰り返し読む程に、自分が求め続けてきた道標を見つけ、欣喜雀躍《きんきじゃくやく》しました。「あれを見よ／深山の桜咲きにけり／真心尽くせ／人知らずとも」。『致知』という深山の桜を見つけた喜び。いつも傍には『致知』がある。以来、学び実践のための人生の杖言葉となっています。

田口　恵子（64歳・女性・埼玉県）

# 特集総リード

『致知』2009年8月号特集「感奮興起」

## 感奮興起《かんぷんこうき》

二〇一〇年一月の新春特別講演会に『致知』も読んだことなく参加しました。それまで全く本を読まなかった自分が感動して、『致知』を、本を、読み学ぶようになりました。

後から、母から送られてきたバックナンバーでこの言葉と出会いました。あの時の感動は感奮興起だったのかと後で実感しました。

それ以来、毎月色々な記事から、「このままではいけない。もっと頑張らなくては!」と刺激をもらっています。

『致知』との原点であり、今も大切にしている言葉です。

佐藤 善彦(29歳・男性・岡山県)

## 『管子《かんし》』

『致知』2009年10月号特集「人を植える道」

一年の計は穀《こく》を樹《う》うるに如《し》くは莫《な》し。
十年の計は木を樹うるに如くは莫し。
終身の計は人を樹うるに如くは莫し。

（特集総リードより）

私が会長を務める敦賀《つるが》シニアライオンズクラブは、今年結成十周年記念事業として、右記『致知』掲載の「至言《しげん》」に基づき、且《か》つ、クラブモットーの「青少年健全育成」に資することから、敦賀市内全小・中学校へ『心に響く小さな5つの物語』Ⅰ・Ⅱ巻、計四千冊を寄贈させて頂き、併せて市内全十九校で「読書感想文コンクール」実施。二〇一八年三月開催の「結成十周年記念式典」で「表彰」。最優秀賞に輝いた小・中学生二人に「朗読発表」を頂きました。

入賞した子供たちの純粋な瞳、堂々たる発表が、今も胸に焼き付いており、この子供たちが、敦賀と日本の未来に希望の光を感じて歩んでいくものと確信しております。

中村 秀男（77歳・男性・福井県）

## 今野　華都子（タラサ志摩スパ＆リゾート社長）…『致知』2010年1月号連載「生命のメッセージ」

まずは笑顔、次に「ハイ」と肯定的な返事ができること、
人の話を頷《うなず》きながら聞くということ。
最低限この三つができているかどうかで人生が大きく違ってきます。

村上和雄先生の連載が好きで、当時主人が購読していた『致知』を読み始めました。二〇一〇年一月号の今野先生。輝くような笑顔に惹かれ、読み進めるうちに「私がこうありたい」と常々思っていた言葉に出会いました。司会業、インストラクターとして忙しい日々の中で、仕事ではこれができるのに、なぜ、主人や娘にはできない時が多いのか、自分のいたらなさに幻滅し、更年期も重なり身心共に疲れていた時。早速、先生の講演会を探して県外まで聴きに行きました。涙がとめどなく溢れて止まらず、でも聴いたあとはひとつの「決心」が。今では先生の「洗顔洗心塾」を主催させていただいています。「まずはいつも家庭から」それをしっかりと教えてくれた言葉です。

古谷　久生子（54歳・女性・茨城県）

# 佐藤一斎（江戸時代の儒学者）

……『致知』2010年2月号特集「学ぶに如かず」

壮《そう》にして学べば、則ち老いて衰えず。老いて学べば、則ち死して朽《く》ちず。

（數土 文夫氏紹介）

致知出版社の書籍・北尾吉孝著『何のために働くのか』『安岡正篤ノート』、藤尾秀昭著『小さな人生論』『小さな経営論』などを何冊か読んでみました。その後、月刊誌『致知』に興味を持ち、二〇一〇年二月号から購読し始めて九年目です。二月号の特集トップ対談「学び続けるリーダーこそ道をひらく」數土《すど》文夫氏（JFEホールディングス社長）と牛尾治朗氏（ウシオ電機会長）との対談に大変感動しました。文中で「学び続け、きれいに、見事に老いてゆく」と語られていた。私も、「見事に老いてゆきたい」との思いで、今も現役続行中で満七十五歳です。

吉原 保之（75歳・男性・大阪府）

## 渡邉 五郎三郎（福島新樹会代表幹事）……『致知』2010年5月号特集「精進の中に楽あり」

# 「一灯照隅《いっとうしょうぐう》」、一人ひとりが一灯を献じて自分の周囲を明るくする、万人が万灯を点ずれば、国を明るくすることができる。そのような生き方をしなくてはいけない。

教員生活三十八年、特に校長・教育委員会時代、人としてどうあるべきかを追求し一心不乱に読み耽《ふけ》ったのが月刊誌『致知』でした。

新任校長として荒《すさ》んだ中学校への赴任、如何に立て直そうかと出した答えが「共に一隅を照らし合う」でした。生徒・教職員がその立場立場で一灯を掲げる人であれ、なくてはならない人であれと、学校ビジョンに掲げました。「求める心ありやなしや」を心の裡に、尊敬される上司となるべく、今在る自分となりたい自分との葛藤を通じ、『致知』からの言葉に幾度となく励まされたものでした。

萩原 常夫（64歳・男性・埼玉県）

# 『大学』

『致知』2011年8月号連載「巻頭の言葉」

## 獨《ひとり》を愼《つつし》む
## 所謂《いわゆる》其《そ》の意《こころばせ》を誠にすとは、自ら欺《あざむ》くなきなり

（伊與田　覺氏紹介）

私が『致知』を購読し始めてから二冊目の「巻頭の言葉」にこの言葉がありました。「立派な人物というものは自分独りでいる時、つまり他人が見ていない時でも己をしっかりと律していく」。正に私が六十数年の人生で最も欠けていたものを指摘された言葉でした。「愼獨《しんどく》」は事務机の前の壁に印刷したものを貼っています。

以来七年毎日読んでいても全く身についていません。他人の前で自らを格好よく見せるのです。これはまだ愛嬌があると思いますが、ふとした心の緩みで他人を穿鑿《せんさく》してしまう。詮索《せんさく》では無く穿鑿してしまう。人の心に穴をあけてしまう。確かに少なくはなってきています。しかし、全く無いとは言えない。君子ではないからなのでしょうか。「君子は必ず其の獨を愼むなり」一生追い求める言葉のようです。

霜田　茂（68歳・男性・埼玉県）

# 松下　むめの（松下幸之助夫人）…………『致知』2011年11月号特集「人生は心一つの置きどころ」

## 難儀もまた楽し

松下幸之助さんの元執事、高橋誠之助さんが、自分自身の経験に基づいて、奥様、松下むめのさんのことを「経営の神様とともに歩んだ松下むめのの心の持ち方」と題してお話がありました。私自身も今現在があるのは、私の女房のお陰です。世界の松下をつくられた幸之助さんの奥様は「難儀もまた楽し」で、幸之助さんの夢をご自身の夢にし、どんな苦境にあっても、二人で前を向いて前進してこられたことを拝読し、改めて私自身、私を立ててくれ、助けてくれている女房を大切にしなければならないことを実感致しました。

西川　裕文（61歳・男性・熊本県）

## 森　信三（哲学者）……………………『致知』２０１２年１月号特集「生涯修業」

# 足元のゴミ一つ拾えないで何が実践か。

（寺田　一清氏紹介）

森信三先生の言葉に感動した高校生の教え子が、『致知』を読んでさらに心を奮い立たせ、購読をはじめました。その後、私の講話を再現した自作の著書を、卒業式にプレゼントしてくれました。本の表題は、生涯の師と仰ぐ森信三先生の名著にちなんで、「修身教授録～熊本商業高校簿記部の要諦～」。『致知』を用いて生徒と共に人間学を学び、日本や世界を支える人財を育てることが、自己の天命だと感じた瞬間でした。一人の行動が一燈となり、今では多くの生徒が『致知』を購読しています。

木庭　寛幸（44歳・男性・熊本県）

# 斎藤　智也（聖光学院高等学校硬式野球部監督）……………『致知』2012年2月号特集「一途一心」

野球は非常に番狂わせが多いスポーツですから、技術だけでは絶対にダメで、そこに人の思いや執念、さらには球運といった要素が絡んでくる。球運、文字どおり球を動かす力ですね。

四年前に死の淵までいく病気にかかり、三ヶ月絶望の淵にいたとき、私を支えてくれたのが野球で出会った方々であった。死んでいてもおかしくなかったそのとき、人との縁に感謝し、恩の大切さを改めて感じることができました。人生も番狂わせがあるはずです。私も高校野球の指導者として、球運を大切にし、人の心を打つ野球を生徒たちと実践して、劣勢でもあきらめず、不屈の執念で番狂わせを起こしたいと思います。

斎藤　崇（47歳・男性・栃木県）

# 白駒　妃登美（ことほぎ社長）

……………………………………『致知』2012年3月号特集「常に前進」

目標達成型の哲学は、短期間の目標には確かに有効な手段かもしれません。しかし、見方を変えれば夢しか叶わなかったのです。夢を超えた現実はやってきませんでした。

米国のビジネススクールに在籍していた頃、ビジネスモデルには、目的・目標・戦略・戦術が必ずあって、違和感を感じ米国人と議論したことを思い出します。ご縁に感謝し素直に集中する日本人こそ、達成感以上に安心感や幸福感を感じている民族であると感じました。

岩崎　芳和（58歳・男性・静岡県）

## 安岡　正篤
（東洋思想家）……………………………………『致知』２０１２年７月号特集「将の資格」

# to do good（よきことをやる）を考える前に to be good（よき人間であること）を目指しなさい。

部下を指導する立場になってから、管理職の発する言葉が「千鈞《せんきん》の重み」をもつことを知った。思うような結果を出せず、肩を落としている部下に、どのように希望をもたせるか。また、如何にして本質に迫る努力を継続させるか、と悩んだものである。そんな時に出合ったのが、この言葉である。事ある毎に、この言葉を口にしていると、部下からの「素直な反省と次への決意」の言葉が返ってくるのである。この言葉のもつ力であろう。退職して五年、今もって私の「杖言葉」である。

坂本　行雄（64歳・男性・岩手県）

# 稲盛　和夫

（京セラ名誉会長・日本航空名誉会長）……『致知』２０１２年10月号特集「心を高める　運命を伸ばす」

ある時感じたんですね。
宇宙には森羅万象《しんらばんしょう》、すべてのものをいい方向に生かそうとする、
素晴らしい愛の心、思いやりの心が充満しているということを。

宇宙は〝愛の心〟で満たされている……。この一言が私にはなんともでっかく、これまで自分を悩ませていた、目先の、お金や、地位や、有名になることなどが、坂本竜馬ではありませんが「小せぇ、小せぇ」と恥ずかしく感じられ、その反面、心が夏の青空のようにスカーッと晴れ渡りました。世の中が〝愛〟で満たされているのであれば、人間は争う必要がなく、人間の真価は共に生きる仲間をどれだけ助けられるかにありそうです。そう思えば、日頃、『致知』がいう〝人間力〟とは〝人間愛〟であり、更には〝万物愛〟であるような気がします。

松﨑　昇（64歳・男性・熊本県）

# 特集総リード

『致知』2013年1月号特集「不易流行」

不易《ふえき》とは、変わらないということである。万古《ばんこ》不易、千歳《せんざい》不易ともいう。時代がいくら変わっても不変なものがある。また変えてはならないものがある。

一つは創業の理念を大事にしていること。二つは情熱。三つは謙虚・慢心を廃すること。四つは誠実。

『致知』は創刊号の頃より愛読者です。空手道スポーツ少年団を結成し四十二年になります。六十数名いた団員が減少し運動会の入場行進ではスポーツ少年団の会長であり、朝礼台に立ち、「うーん」と一瞬心が沈みかけました。ところが二人の子供たちは胸を張り堂々と「イチニ・イチニ」の大きなかけ声で行進する姿はどの団よりも美しく感動しました。その後十数名に増え続けています。不易流行「一つは創業の理念を大事にする」「二つは情熱」「三つは謙虚、慢心を廃する」「四つは誠実」技術よりも人間力を高める事を理念におき『致知』の言葉に何度も助けられています。井出　俊郎（67歳・男性・鹿児島県）

# 腰塚　勇人（「命の授業」講演家）

『致知』２０１３年３月号特集「生き方」

口は人を励ます言葉や感謝の言葉を言うために使おう
耳は人の言葉を最後まで聴いてあげるために使おう
目は人のよいところを見るために使おう
手足は人を助けるために使おう
心は人の痛みがわかるために使おう

当時、愛知県一宮市で二カ所目の管理職をさせていただいた時です。東日本大震災も自分の中で風化しはじめ、さらに仕事も家庭も普通に過ごせることが当たり前だと慢心していたとき、この言葉を読んで涙が止まらなくなりました。管理職としてビシビシ部下を指導するのではなくて、その前に一人の人間として小さなことを誉めて感動しながら人生を大事にしたい。自分の料簡《りょうけん》が狭くならないよう、家庭も仕事も無事であることこそ大切に感じたい、と強く思ったことを今でも思い出します。

前田　和瑞（50歳・男性・埼玉県）

# 出雲 充（ユーグレナ社長）……『致知』2013年5月号特集「知好楽」

「くだらないものなんてない」ということですね。くだらない仕事、くだらない会社、くだらない生物、そんなものは何一つない。どんなものでも突き詰めていけば素晴らしい力になるんです。掃除やコピー取りのような単調な仕事はしたくないという人は、たぶん何をやってもうまくいかないんですよ。一所懸命にやるからこそ、応援してくれる人が現れるんです。

「知好楽《ちこうらく》」の号であったが、中でも出雲社長のブレない姿勢に信念の大切さを感じた。学校という組織の中での自分の役割（ロール、タスク）に悩んでいたときに勇気を与えてくれた。以降、生徒に「知好楽」を説いたり、出雲社長の話を紹介している。先日、出雲社長の講演を拝聴し、ご挨拶するという僥倖《ぎょうこう》に恵まれた。『致知』を手に何度も勇気をいただいたお礼を伝えられて、ありがたかった。念ずれば、と言うにはおこがましいが、私なりの信念モドキが招いてくれたと感じている。

中矢 尚（51歳・男性・愛媛県）

# 特集総リード

『致知』2013年6月号特集「一灯照隅」

主の「、」は炎、「王」は台座。
いまいる場で燃えて生きる。燃えて生きれば自《おの》ずと周囲を照らす。
それが自分の人生を自分が主人として生きる、ということである。
いまいる場で燃えて生きなくて、主人として生きることはできない。

社長に就任した二ヶ月後に先代の川上会長が急逝《きゅうせい》し、私は闇夜に一人放り出されたような恐怖を感じました。しかし、闇夜の中でも目を凝らしてみると、いくつかの灯が見えました。経営の相談に乗って下さる三重県の木室会長、精神面を支えて下さる富山県の尾山先生、そして、毎日折れそうな心を支えてくれた『致知』が、私の行く道を照らしてくれました。それらは全て川上会長が準備して逝かれたものでした。それから二年が経ち、ふと気づけば、いつの間にか私の心にも火が灯っていました。川上会長への感謝の気持ちと、自分の心の灯に気づかされた記事でした。

南 伸一（51歳・男性・岐阜県）

# 森 信三（哲学者）

『致知』２０１３年７月号特集「歩歩是道場」

## 人間は一生のうち逢うべき人には必ず逢える。しかも一瞬早過ぎず、一瞬遅すぎない時に——。

私がオギャーとこの世に生まれた時、そこに重度な障害者がいました。父でした。一瞬早くも遅くもない出会いでした。出会いとは私にとって必要であり、必然であり、ベストなものでした。使命とは字の如く生命の使い方でしょうか。障害児教育ひとすじに生きてきました。重度障害児ヤッチャンとの出会いを『お母さん、ぼくが生まれてごめんなさい』にまとめたのは、父の死がきっかけでした。出会いは「人」にも「物」にも「できごと」にも、そして「生きる」ことのみならず「死」にもまた——。『致知』との出会いはこれらの事のすべてを教えてくれました。

向野 幾世（82歳・女性・奈良県）

# 作者不詳

『致知』２０１３年10月号特集「一言よく人を生かす」

時は過ぎ去るものではなく
心のうちに　からだのうちに積《つ》もりゆくもの

（山本　富士子氏紹介）

この言葉に出逢ってから、誰の心の中にも、心の砂時計があると思うようになりました。過ぎ去ったと思っていた時間は、確かに心の中に砂の粒として重なっているのだと。

時々、自分の砂時計を想像します。様々な経験や思い出が何層にも重なっています。キラキラした粒、透明な粒、カラフルな明るい色、濃い色、薄い色、黒や茶色や褐色も、小さな小さな愛おしい粒の重なりです。これからも一所懸命に生きることで美しい砂粒を重ねていきたいと思います。

柏木　満美（52歳・女性・神奈川県）

平澤　興（京都大学元総長）……『致知』2013年11月号特集「道を深める」

努力することの本当の意味は人に勝つということではなく、天から与えられた能力をどこまで発揮させるかにある。

（特集総リードより）

この記事を読んだ時の感動は今も鮮明に覚えています。胸のつかえがすっと取れ、言葉が光のように束になって私を抱きかかえてくれました。天から与えられた能力は人それぞれに違って当たり前。自分の能力を諦めず、道を深めるための「四つの魔法の言葉」を杖にして、これからも元気に頑張っていこうと心に決め今を生きています。

『致知』を拝読するようになって二十年。すべての月刊誌は大切にとってあります。これからも、『致知』を生きる指針として読み続けていきたいと思っています。

落合　康子（70歳・女性・愛知県）

# 小澤　道仙

（曹洞宗法永寺住職）…………………………『致知』２０１３年11月号特集「道を深める」

おっさま（小澤道雄《どうゆう》）には艱難辛苦《かんなんしんく》の人生の中で、いつも心にとめていた四つの信条がありました。

一、微笑みを絶やさない
二、人の話を素直に聞こう
三、親切にしよう
四、絶対、怒らない

得意先の方に勧められ、手元に届いた最初の号にあった言葉です。今思うと、あの頃は、仕事の成果が積み上がり、多少なりとも天狗になっていました。そのような状況の中、購読のきっかけは転勤でしたので、新任地で心機一転取り組むにぴったりな言葉となりました。

横山　昌仙（51歳・男性・大阪府）

# 佐藤　忠吉（木次乳業相談役）……『致知』2013年11月号特集「道を深める」

## 人間は一パーセントの可能性があったらやれ。失敗したら出発点に戻ればいいがな。人生は失敗があって当たり前。失敗のない人生は失敗だ。

佐藤忠吉氏は同郷の大先輩です。私を大きく成長させてくれたこの言葉に感謝しています。幼い頃に山津波で母親を亡くし、それを忘れたいがために故郷を捨てました。他県で教育の場に身を置くようになり、子供達、先生方に言ってきたのがこの言葉でした。「失敗のない人生は失敗である」この言葉に子供達も励まされ新しいことに挑戦する姿に日本の未来を託すことができたように思います。もし、佐藤忠吉氏にもっと早い時期にお会いできていたら、自分は故郷を捨てずに、故郷の教壇に立っていました。

一色　明繁（62歳・男性・愛媛県）

## 安岡 正篤（東洋思想家）

『致知』創刊35周年特別記念号

賢《けん》は賢なりに、愚《ぐ》は愚なりに一つのことを何十年と継続していけば、必ずものになるものだ。別に偉い人になる必要はないではないか。社会のどこにあっても、その立場立場においてなくてはならぬ人になる。その仕事を通じて、世のため、人のために貢献する。そういう生き方を考えなければならない。

平成二十三年三月十一日の東日本大震災によって会社は壊滅《かいめつ》。五名の社員が犠牲になりゼロからのスタートをきりました。当時はわき目もふらず前進あるのみとやっていましたが私についてきてくれた社員のために自分はどうあるべきかと深く考えていた時期でもありました。震災後から言葉の力に気づきよい言葉に敏感になった私は『致知』に書かれている言葉を自分の心の栄養にするべくそれこそ真剣に読んでいました。『致知』三十五周年の記念講演で藤尾社長から教えていただいたこの言葉は私の生き方を決定させてくれました。

佐々木 孝寿（52歳・男性・宮城県）

# 清水　英雄

（ヒューマンウェア研究所所長）……『致知』2014年5月号特集「焦点を定めて生きる」

つらいことがおこると／感謝するんです／これでまた強くなれると／ありがとう／悲しいことがおこると／感謝するんです／これで人の悲しみがよくわかると／ありがとう／ピンチになると感謝するんです／これでもっと逞《たくま》しくなれると／ありがとう

（加治　敬通氏紹介）

この言葉に出会った時、自分の座右の銘に辿り着いたと思いました。思い起こせば、私の仕事人生は、一営業マンから代表取締役社長までのあらゆる仕事を経験し、家庭では二男二女を育て、長男には統合失調症、アルコール依存症、宗教依存症、次男には、ギャンブル依存症、ローン地獄、そして妻には、ステージ4で手術不可能と言われた膵《すい》臓《ぞう》がん、全てに真正面から向《む》かい合い、克服してきました。

古希を終えた今、五十、六十鼻たれ小僧、七十、八十働き盛りと自分自身に言い聞かせ、残りの人生を他人様からの相談者としての仕事をし経験を生かしたいと思っております。

小林　止（71歳・男性・福井県）

# 小林　一光（アイ・タッグ社長）……………………『致知』2014年5月号特集「焦点を定めて生きる」

## 人生で大事な心構えは感謝と謙虚。

久しぶりの中学時代の同窓会。その席で上から目線の横柄な態度・発言をしている友人にびっくり。あんな人にはなりたくないと思いながら帰宅して何気なく手にした『致知』にこの言葉がありました。すごく納得し以後感謝・謙虚の気持ちを忘れないようにしています。更にこの文中の小林社長の「誰よりも早くお礼のハガキを出している」の言葉にも感激し、いつもハガキを手元に置いて実践に心がけています。

遠山　善治（63歳・男性・長野県）

# 境野　勝悟（作家・東洋思想家）……『致知』2014年8月号特集「一刹那正念場」

（目標が立たないと悩んでいる青年たちへの言葉）
俺も目標を持たなかったよ。だけど人の縁を大事にして、「今日只今」を一所懸命やってれば人生は開けていくんだよ。

境野先生とのご縁は、あの笑顔に会いたい！　から始まりました。『致知』に掲載されていた写真に魅了されたのです。ほんとに素敵な笑顔なのです。

そして実際にお会いし、講義を受けることができ、よりよく生きていきたいと切に思えるようになりました。

日本のこころについて講義をなさる先生の笑顔そのものが、全てを表しているように思います。

言葉や知識も大切ですが、一枚の写真から始まるその人に触れたい、会いたい、そして実際に講義を受けられるのも今できる最高のご縁だと思います。

大谷　光範（57歳・男性・埼玉県）

# 三浦 雄一郎（冒険家）

『致知』2014年8月号特集「一刹那正念場」

人間というのは、年をとればとるほど、いろいろなできない理由が浮かんできます。今回だって、骨折に心臓の手術と、やめる理由はいくらでもありました。しかし私は、できない理由を並べるよりもできることを考えました。

少林寺拳法の門をたたいて三年が過ぎようとしていた頃、昇段試験の機会が巡ってきましたが、いままで誰よりも多く参座し、修練を積んできたにもかかわらず、覚えた技のほとんどを忘却の彼方に置き忘れてくる始末。その後、道院長から個別指導までしていただいても、覚えては忘れ、覚えては忘れの繰り返し。

若い頃と違って、思うように身体も動かなければ記憶の方も如何《いかん》ともしがたいと、歳を理由に諦めそうになったとき、そうじゃないよと奮い立たせてくれたのがこの言葉でした。

数延 貞光（52歳・男性・香川県）

# 長井　鞠子

（サイマル・インターナショナル専属会議通訳者）：『致知』２０１４年８月号特集「一利那正念場」

あの日以来きょうまで、
手を抜いた準備をしたことは一回たりともありません。
「準備と努力は裏切らない」。これは私が四十年以上、
通訳の仕事を積み重ねてきた中で実感していることです。

「準備と努力は裏切らない」。当時個人事業主としてやっていきたいと思い、資格取得を頑張っている最中でした。資格はとってしまえばこちらのものではなく、資格をとった後にどれだけ準備と努力が出来るかで違ってくると思い、心震える言葉でした。講師業を目指しており、今その道を歩んでおりますが、始めるにあたって、準備と努力には熱を入れていたのを、懐かしく思い出しました。今では、貴女が先生でよかった！　と生徒さんに言って頂けるようになりました。これからも、他の仕事に対しても準備と努力を怠らない人間でありたいです。

佐野　知子（37歳・女性・広島県）

# 住友　政友（住友家初代）……『致知』2014年9月号特集「万事入精」

## 万事入精《ばんじにっせい》（住友家の家訓）

この号で小生は、「忍の一字が医の道をひらく」と題した三井記念病院眼科部長の赤星隆幸先生との本誌の対談に登場させて頂き、四十年以上にわたる大腸癌《がん》の内視鏡診断・治療の私の経歴を述べた。

患者さん一人一人に対して万事入精の態度で三十万人の患者さんの検査・治療を行ったこと、研究面でも陥凹型早期大腸癌の発見から今日の癌のAI診断にもつながっていったことを語ったのである。この言葉は医学・医療における私の哲学・基本的態度を表現した言葉であるだけでなく、日常全般の心構えとして常に噛みしめているものだ。

工藤　進英（71歳・男性・神奈川県）

## 左藤　義詮（大谷学園元理事長）……………………『致知』２０１４年９月号特集「万事入精」

# 倒されし竹はいつしか起き伸びて倒せし雪はあとかたもなし

（西端　春枝氏紹介）

あの先生に教えていただいたから私は成長したと感じるような教育ではなく、ここに示された雪のように生徒の内なる部分にしっかりと届き、生徒があたかも自分で成長したように感じる。

私もそんな雪のような存在でありたい。風のような存在の教師でありたい。

三好　美覚（54歳・男性・愛媛県）

## 鈴木　秀子（文学博士）

『致知』２０１４年９月号連載「人生を照らす言葉」

私たちの多くは忘れてしまいたいほどの出来事に遭遇したとしても、自分と折り合いをつけ、何となく自分を誤魔化《ごまか》しながら生きていく術《すべ》を知っている。誤魔化すことなく自分の真実の姿を見つめるのは辛いものですが、実はとても大切なことです。

鈴木先生の言葉は二つのことを教えてくれました。一つは、誤魔化すことが出来ないのは弱さではなく逃げないで、自分と対峙《たいじ》しようとしていること。もう一つは、現実の自分の真実の姿を自分の中で認めなくてはいけないこと。当時、私は自暴自棄になり、自分の真実の姿を理想との差から認めることが出来ませんでした。この言葉を受けて自分自身を誤魔化さず、現実の姿を認めてこそ、真実の未来があることを教わりました。

高畑　雅樹（38歳・男性・長崎県）

## 渡部 昇一（上智大学名誉教授）……………………『致知』２０１４年10月号連載「歴史の教訓」

# 親の役割は孫の成長を見届けるまで。

担任する児童に親孝行しようと伝えてきた。でも、私自身、親孝行を意識したのは我が子が授かってから。夫婦で育てると思いながら子育てに奮闘していた時、息子が入院した。当時、父と私は、子育てのこと、家業のことでよく衝突した。父の協力なくしては、息子の入院生活は送れなかった。退院後、息子と手を繋ぐ父は、「これが本当の幸せというものだ」と母と笑い合った。今、父と私と息子、三世代でお風呂に入っている。私は、祖父が夢見た教員になれたが、その姿を見せられなかった。父には、息子が夢を叶え活躍する姿を見せてあげたい。

田中 一慶（32歳・男性・岐阜県）

## 野上　文代（ＮＰＯ法人フューチャー理事長）…………………『致知』２０１５年１月号特集「堅忍不抜」

# 子供たちは私を選んで生まれてきた。

私達の孫（男）は現在十二歳で発達障がいです。小学一年に入る時、通級《つうきゅう》に通う必要があり、別の学校に行きますが、歩いては行けません。バスの乗り継ぎになりますが、発達障がいがあるため一人では通学が出来ません。下の孫は生まれたばかりで、食物アレルギーがあり手が離せないのです。そこで私が車で送る事になったのです。今考えると、障がい者は何とかなりそうな家族に生まれてくるような感じがして、野上文代さんのインタビューを見て感激をしました。

渥美　宗武（74歳・男性・東京都）

## 清水　義昭（アクティー社長）……………………『致知』2015年1月号連載「致知随想」

# その人間を見極めるにはただ一点、立場の弱い人にどんな態度を取っているかを見ればよい。

時代や国境、宗教、性別、年齢、職業、その他あらゆるものを超えて通じる言葉だと思います。言葉は生き物かと。本当の強さと優しさがなければ、生きて響きません。この言葉との出会いに、深く感謝しています。

折井　智彦（51歳・男性・東京都）

# 山村　暮鳥（詩人）

『致知』２０１５年４月号連載「人生を照らす言葉」

## しっかりしろ
## 人間の強さにあれ　人間の強さに生きろ

（鈴木　秀子氏紹介）

私が体調が普通でなかったのが二〇一四年十一月頃だろうと思う。周辺の病院を当ってみたが病名が決まらず断られて最終が二〇一四年十二月十九日山口大学付属病院に入院（奇病：「橋本脳症宣言」）以後、二月末まではずっとベットにくくりつけられ、治療の連続。毎日毎日夢を見ていた。家はなくなった。会社も辞めてしまっている。どこにどうしたらいいかも解らなかった。でも息子の聡が三月初めに『致知』四月号を持ってきて、リハビリしながら目を通してみろとのこと。また、三月初めに、社長交代したとの挨拶状を一緒に持ってきて、ゆっくり療養するように言われて、初めて家族、会社のことが解かり、『致知』四月号「人生を照らす言葉72」鈴木秀子氏紹介の山村暮鳥の詩「人間の勝利」に出会った。頭の中にぱっと灯りがついた。

中村　康三（72歳・男性・山口県）

## 森 信三（哲学者）

教育とは、流れる水に文字を書くようなはかない仕事なのです。しかし、それをあたかも岩壁にのみで刻みつけるほどの真剣さで取り組まなければならないのです。

『致知』2015年5月号特集「人生心得帖」

（浅井 周英氏紹介）

子供の教育で悩み、少年野球の指導にたずさわっていた時期、この言葉に出会いました。子供というのは個性はそれぞれ。なかなか言うことをきかない。それを、子供の責任と考え半《なか》ばヤケクソで暴言を吐いたりしていた時期がありました。しかし、この言葉に出会い、子供ではなく私自身が子供に向き合う姿勢が間違っていると気づかされました。親が真剣であっても伝わる事はわずか。しかし、その積み重ねが大切なのだと。

村上 浩一（42歳・男性・山口県）

# 伊與田　覺

（論語普及会学監）……………『致知』2015年7月号連載「巻頭の言葉」

『中庸』を貫く最も重要な徳目は至誠《しせい》です。修養とは天の道である誠を我が道とするように努力することであり、ここに人間の尊い生き方があるのです。

虚弱児であった私が、神仏のご加護を頂いて、有難くも八十歳代まで生かされて参りました。若い時から道を求めて聖賢の書を渉猟《しょうりょう》してきましたが、後半生は、伊與田覺先生に親炙《しんしゃ》し、ご講演を拝聴したり、ご著書を心読したりして研鑽《けんさん》に努めてきました。先生は最晩年、『致知』の「巻頭の言葉」には、『中庸』の言葉をよく取り上げて教導して下さいました。

私は生きている限り、「其《そ》の位《くらい》に素《そ》して行い、其の外を願わず」、自分らしく、己を磨き、修養を続け、至誠の道を歩み続けて、人生を全うしたいと願っております。

三木　英一（83歳・男性・兵庫県）

# 上甲　晃（志ネットワーク「青年塾」代表）……『致知』2015年8月号特集「力闘向上」

「すべての困難、難儀は人生の糧になる。この世に無駄な経験はない、無駄な人もいない。使命感、志が人生の基本」。「自分の利益に熱心になることを野望・野心、皆の利益に熱心になることを志と教えています」。

管理職になって二年目に部下職員が横領により懲戒免職となり、当然責任者の私にも懲戒処分が下りました。原因究明、謝罪会見、再発防止策などに追われる日々に精神的に落ち込み、「次はどこの部署に飛ばされるのだろうか」と不安と焦りを覚える日々でした。

そのような中、右記の言葉と巡り合い、この試練は自分を成長させるための試練なんだと気持ちを切り替えるとともに、自分だけが被害者だと思い落ち込んだことを深く恥じました。人間学を何となく頭だけで理解していたことを反省し、これからは「利他」に生きたい、そう思う毎日です。

永目　工嗣（53歳・男性・熊本県）

## 重田　光康（ロサンゼルス新撰組レストラングループ局長）……『致知』2015年8月号特集「力闘向上」

「できないということは知識や能力の不足じゃない。執念の欠如である」。私はつくづくそう実感しています。では、何が勝敗や成否を分けるか。それは情熱の差しかない。絶対にやるという気持ちがどれだけ強いかだと思います。

何故今まで困難な局面に遭遇した時うまく切り抜けられなかったのか？　その理由がハッキリとわかった言葉です。「自分なりに努力している」とか「懸命にやったつもり」など言い訳ばかりの自分を客観的に認識できました。「絶対に成し遂げる！」という烈々たる執念が欠如していただけであったと、はっきりと気付かせて頂きました。最近難病に侵され半ば絶望の日々を過ごしていたが、この言葉を読みかえせば沸々と希望が湧いてくる。「絶対に病魔を封じ込める！　完治させる！」この執念と情熱で今、満ち溢れています。

佐藤　謙二（45歳・男性・大阪府）

## 廣瀬　眞弓（ヒロセ社長）……『致知』2015年8月号特集「力闘向上」

あんたたちが自分の仕事に誇りも持てへん。世間からは、きつい、危険、汚い、レベルの低い社員って思われているのが私は悔しくてたまらんのや。そやから私は木鶏会を通じて本を読む力、文章力、発言力をつけてあんたたちが世間に馬鹿にされない、自分の仕事に誇りを持てる会社にしたいんや。

（特集総リードより）

「偉そうに言うな！」「たかが警備員が‼」等の言葉を浴び仕事への自信を失う等心折れる警備員が多くいます。これでは真剣の戦いである仕事の遂行も個々の向上も望めないと悩んでいた折、「力闘向上」全文を指導教育時に受講者と共有しました。

我々の仕事はあらゆる階層の人達を対象とし、我々の一挙手一投足が安心安全を形作っていることは論を待ちません。これを機に先《ま》ずは「日々の仕事を通じて思う事」と銘打ち各自に発言の場を設け、応対辞令等一人ひとりの資質向上を図り更には業界全体に行き渡らせようと誓い合うまでに昇華出来ました。

西川　紀代行（69歳・男性・京都府）

# 伊與田　覺

（論語普及会学監）……………………『致知』２０１５年10月号特集「先哲遺訓」

自己自身を修めるにはあまり効果を期待せず、静々《しずしず》と人知れずやられるといい。それを三十年、四十年とずっと続けていくと、風格というものができてくる。

（特集総リードより）

古希《こき》を過ぎた頃から体調をくずし今まで好きで長年続けてきていた趣味にも段々成長が見られなくなり、結果も出ず嫌気がさし、このままの状態ではダメになりそうだと思い悩んでいた時に『致知』との出会いにも恵まれ伊與田先生のお言葉に衝撃を受けました。

長い人生には良い時、悪い時が誰にもあり目先の効果ばかり気にかけず体調に合わせて続ける事の大切さ「継続は力なり」を悟らされました。今では伊與田先生のお言葉をたえず胸に自分磨きと思って楽しみながら趣味を続けています。挫折しないで本当によかったと感謝しています。

中田　美子（74歳・女性・静岡県）

## 『仏遺教経』

『致知』2015年11月号特集「遠慮——遠きを慮る」

# 忍の徳たること、持戒苦行《じかいくぎょう》も及ぶこと能《あた》わざるところなり

（鍵山　秀三郎氏紹介）

二〇〇八年六十歳の時、還暦の記念のように『致知』に出会い、二〇一八年元気で古希を迎えられ感謝でいっぱいです。以前より抱えていました問題に対して、いつまで忍《た》えればいいのかという思いがこみ上げて苦しい思いをしていた時にこの言葉に出会い霧が晴れたような思いに成りました。

忍の徳とはそれ程までにすごいことかと希望が湧いてきたことを思い出しました。

生活の中で忍えしのぶことは出家をして修行するより価値があるとありました。

私に出来る世のため人のためを念じながら頑張って参ります。皆様有り難うございます。

福間　由美子（70歳・女性・福岡県）

## 鍵山 秀三郎

（日本を美しくする会相談役）……『致知』2015年11月号特集「遠慮――遠きを慮る」

# 人間は
# 自分の得にならないことをやらなければ
# 成長できない。

　鳥取掃除に学ぶ会、松江・出雲掃除に学ぶ会の年次大会には何度もご来陰いただき、ご指導を受けました。トイレ掃除は勿論のことですが、あるとき学校の教室で「教壇の下が汚れていては良い教育はできない」と仰って、教壇を動かして床をきれいに掃き清めるようにとご指導をいただき実践しました。

　米子空港へ車でお送りした時も、カーエアコンの操作についてご指摘を受けました。毎日、車を運転する度に鍵山相談役のことを思い出します。些細なことと分かっていても、注意や指摘をすることは難しいものです。

能登路 尚孝（76歳・男性・鳥取県）

# 横田　南嶺（鎌倉円覚寺管長）……『致知』２０１５年11月号連載「禅語に学ぶ」

いつ如何なる状況であろうとも、
ただ今この場所で生きている、生かされている、
この大いなる奇跡に心から感謝して全てを受け入れ、
精一杯生きることこそ、真の修行。

どんなことがあっても、かなり前向きに受け止められる性格でも、心が折れたりすると自分を見失うことは、いとも簡単です。出口の無い闇の中にいるような感覚が続いていた時に、この言葉に出逢い、ハッとさせられ目が覚めました。と同時に、何か悪いものがスーっと抜けていくような感覚すら有りました。《まだまだ、修行ができていない》と素直に心からそう思えました。以後、真の修行をしているか？　できているか？　自問自答しながらの生活が続いております。本当に有り難いお言葉をありがとうございました。

小山　里枝（55歳・女性・神奈川県）

# 特集総リード

## 人間という奇跡を生きる

『致知』２０１５年12月号特集「人間という奇跡を生きる」

一読者として、これまで毎月心に響く、そして感動で涙する豊富な内容を発刊され続けられていることに、本当に感心致します。

今日までの長きにわたり、『致知』に登場される皆様から伝わる言葉にどれだけ助けられ、また私の人生の指針になったことか、今日私があるのも『致知』のお陰と言って間違いありません。その中で、特に感銘を受けたのは二〇一五年十二月号の特集「人間という奇跡を生きる」です。

人類になるまでの奇跡は、単なる偶然の積み重ねとはどうにも思えず、不思議と宇宙の意志を感じずにはいられません。だからこそ、この世に生まれた事を必然と捉え、世の為、人の為に尽くす事を意識して生きるべきだと思います。

末石　藏八（71歳・男性・福岡県）

# 宮本　祖豊

（比叡山十二年籠山行満行者・比叡山延暦寺円龍院住職）…『致知』2015年12月号特集「人間という奇跡を生きる」

人間としていま生きていること自体が奇跡なのです。だからこそ、この一瞬を極めていく、一瞬を生き切る。生きること、死ぬこと自体が素晴らしい奇跡であることを自覚して、一瞬一瞬を生き切ることがとても大事だと思います。

比叡山の十二年籠山行を満行された尊師の言葉に深い感銘を受けました。人間として生きていることが奇跡であれば、この命をどのように受け止め、人生を切り拓いていくかは大きな課題です。結局、人間は「一瞬一瞬を生き切る」ということしかないと思った時、なにかすうっと心に落ちたような気がしました。過去を悔いても、未来を心配しても仕方がない。ただ今の現実を受けとめて、一瞬一瞬を積み上げていく先に未来があるということが、真の人生を歩む事になるのだろう。人生を考える上で指針を失いかけた時に、この言葉を思い返している。

滝澤　幸雄（57歳・男性・長野県）

# 金井　誠太（マツダ会長）

……………………『致知』２０１６年1月号特集「リーダーシップの神髄」

リーダーのあり方というのは本当に千差万別です。
そこであえてリーダーシップの神髄ともいうべきものを
一つ挙げるとするなら、
志を持っているかどうか。
それしか私には思いつきませんね。

現在私は、関西致知若獅子《わかじし》の会という若手『致知』読者が集まる勉強会の代表世話人を任せて頂いております。当時は副代表世話人という立場で勉強会に参加させて頂いておりましたが、リーダーとしてあるべき姿を長く模索しておりました。その時に出会った言葉が、日本が世界に誇る自動車メーカーマツダの会長金井誠太氏の言葉でした。決意をそっと後押ししてくれたような気持ちになりました。

和田　真吾（34歳・男性・大阪府）

# 土光　登美（土光敏夫の母）……『致知』2016年3月号特集「願いに生きる」

## 人間というものは生涯にせめて一度、「鬼の口」に飛び込む思いをしなければならない。

当時私は売上高十兆円を超える大企業に勤めていたが、様々な経験を通して、教育の重要性を痛感していた。そして、教師になるための勉強を始めてはいたものの、両親や周囲の反対を受けて心が揺らいでいた。その時に、息子（土光敏夫）の抑止さえも振り払って念願を成し遂げた登美さんのこの言葉に出逢い、私も「鬼の口」に飛び込む決意をした。あれから二年、私は会社を辞めて教師への道を進んでいる。

金澤　真史（32歳・男性・東京都）

# 松原泰道（南無の会会長）……………………『致知』2016年3月号特集「願いに生きる」

森へ迷い込んだ小鳥が動物たちに助けられる。森が火事になり、小鳥は自分の羽を池に浸し水滴で火を消そうとする。動物たちは「無理だよ」と言って避難しようとするが努力する小鳥の姿を見て引き返してくるという話。

（横田　南嶺氏紹介）

松原泰道氏が『雑宝蔵経』に出てくるたとえ話としてよくお話ししていたと、横田南嶺氏が誌面で紹介してくださった話です。日本を良くしたいと思い、日々若者への教育を続けていますが、なかなか良くならない日本の現状や日本のリーダー達の非常に残念な振舞いを見て、いつ日本は良くなるのだろうかと、時々弱気になることがあります。また頑張っている自分や仲間に対して「そんなことをしても無理だ」と言ってくる心無い人もいます。そんな時に、この小鳥の話を思い出すと、体の内側からパワーが湧きだしてきます。また「どうせ無理」が口癖の若者にこの話を腹の底から本気で話すと、若者の目が輝きだすのです。教育者として宝のような話です。

室舘　勲（47歳・男性・東京都）

# 横田　南嶺（鎌倉円覚寺管長）

……『致知』2016年3月号特集「願いに生きる」

## 桃栗三年、柿八年。柚子は九年で実を結ぶ
## 梅は酸《す》いとて十三年、蜜柑《みかん》、大馬鹿二十年。

当時、塾の講師からIT企業に転職し時間は経っていたものの、会社のスピードとITスキルの前に苦戦をしていました。失敗し、叱責《しっせき》され、信頼も信用もされない。「自分は無力で、不要な存在」と情けなく感じる毎日でした。

しかし、この言葉を紹介された横田管長の記事を読み、家でも仕事中も、この言葉を口ずさみ、一心不乱に仕事をこなしました。結果として、短期間で上司や会社の信頼を劇的に転換。やる事を整理し、不必要な声や嘲笑といった雑音を排して、事にあたり続ければ道は開けると確信し、『致知』と横田管長に深く感謝しております。

原田　義久（37歳・男性・東京都）

## 新津　春子（日本空港テクノ所属環境マイスター）……『致知』２０１６年5月号特集「視座を高める」

清掃とは関係ないことであっても、お客様から言われたことは断らないで全部やっていく。そういうことは意識しています。断ること自体が自分には許せないというか、断ったらプロじゃないと思うんですね。

何かを頼まれた際、困難から発想していると、できる自信があること以外は拒否してしまいがちになるでしょう。しかし「断ったらプロじゃない。絶対に要望にお応えする！」という執念があれば、「できるかもしれないならやってみよう」と可能性からゴールを探るでしょう。「できません」と言わない。どうにかしてお客様の期待を裏切らないように努力する。これが本当のプロなんだ。新津さんの言葉からそうした「プロとしての矜持《きょうじ》」を教えられ、サービス業に身を置く自分自身にとっても忘れることのできない大切な言葉になっています。

安保　雅己（44歳・男性・兵庫県）

# 川﨑　桃太（言語学者・京都外国語大学名誉教授）……『致知』２０１６年６月号連載「生涯現役」

命は与えられるものですからそのことを謙虚に受け止めて、何かに打ち込む。一人ひとりに備わった才能というのは、全部与えられたものなのですから、神に感謝しながらそれを活用させていただく。そうやって少しでも社会に還元する。

私も五十歳代になり、これからの人生後半戦を充実したものにしようと考えていました。そんな時、六十歳過ぎてからの仕事で後世に残る業績をあげた川﨑桃太さんの生き方とその言葉に強く感銘を受けました。七十七歳で大学を退官した後も著作に打ち込み、百歳を超えた今も本を書いている真摯な生き方は、人生何かをやるのに遅すぎることとはないという事実を証明していると感じました。川﨑桃太さんのような感謝の気持ちと謙虚さを持ち、天から与えられた命と才能は余すところなく活用して、自分の役目に打ち込んでいこうと奮い立ちました。

池田　潤（57歳・男性・宮城県）

# 松下　幸之助

（パナソニック創業者）……………………『致知』２０１６年６月号「致知随想」

風雪に耐え抜き、波浪と闘って幾十年――。
自らの務めを全《まっと》うして解体される船。
それから料理屋の看板になる船縁の板。
そういう人生が大事やで。

（新屋　純之輔氏紹介）

自らの人生を省みて、ここで言われている船のような、風雪や波浪に耐え抜いて生きてきたとは、決して思えない幸運な人生であったと思います。その時々で、多くの方々に支えられ、助けられ、育てて頂いた人生であったと感謝しております。この間人生の糧として学ばせて頂いたことを、現在過疎化・高齢化・限界集落化しつつある生まれ故郷で、各種ボランティア活動の役員等として微力ながら恩返しの場を与えられております。松下幸之助翁の言葉にあるような生き方を目指し、これからも自分なりに一隅を照らせるよう、『致知』に、森羅万象《しんらばんしょう》に学び、精進して参りたい所存です。

飯田　淳一（71歳・男性・北海道）

## 曾国藩《そうこくはん》（清代末期の政治家）……………………『致知』2016年7月号特集「腹中書あり」

冷に耐え　苦に耐え　煩《はん》に耐え　閑《かん》に耐え　激せず
躁《さわ》がず　競わず　随《したが》わず　以て大事を成すべし。
（池田 一義氏紹介）

若い時分より、個人事業主だった為、他者の迷惑を省みず随分と長い間利己的に、自分さえよければよいという思いで生きてきてしまいました。『致知』に出逢う事が出来たおかげで、利己的だった己を知り、また利他に生きる素晴らしさを教えて頂きました。

出逢えた事に、深く感謝致しております。

山本 學（44歳・男性・神奈川県）

## 道場　六三郎（銀座ろくさん亭主人）……『致知』2016年7月号連載「二十代をどう生きるか」

鴨居《かもい》と障子《しょうじ》がうまく組み合わさってスムーズに開け閉めができる。
それが合わなくなれば、障子の枠を削る。
上の鴨居を削る人はいない。
だから、鴨居がお店のご主人で、
六ちゃんは障子だ。我を削っていくのが道理。

あのころは、本当に家庭や職場の環境が苦しくて、自棄になりかけていた時期です。そんな時に、この言葉を読んで必死に前向きになろうとしていたのを思い出します。

我を出さずに我を削るというこの言葉の載っている、道場六三郎さんの「二十代をどう生きるか」のコピーをいつも持ち歩き、必要としていそうな若いスタッフに、そのコピーを渡したりしています。

竹澤 利樹（49歳・男性・福井県）

## 吉田　松陰（幕末の志士）…………………………『致知』２０１６年８月号特集「思いを伝承する」

# 冊子を披繙《ひはん》せば、嘉言《かげん》林の如《ごと》く、躍々《やくやく》として人に迫る（特集総リードより）

私は社長就任以前、ハードボイルド系の小説ばかり読み、自己啓発他、先達の教えの本は全く読んだことがありませんでした。そんな中、『致知』と出会いました。『致知』との出会いは私の人生を一変させます。まず人との出会いを良縁に変え、木鶏会《もっけいかい》を始めます。そして更に人として大きく飛躍させてくれます。そんな時、この言葉に出会いました。学ぶことの大切さ、社員共々、大人になっていくことの大切さです。言葉を知り、意味を知る、日本語の美しい響き、言魂を味わえるのは日本人ならではです。学ぶ姿勢を律することで、迫りくる嘉言と出会えました。

吉田　國廣（51歳・男性・岐阜県）

# 安岡 正篤

（東洋思想家）……………………………『致知』2016年8月号特集「思いを伝承する」

読めば読むほど、探れば探るほど、自分の考えていること、欲すること、何もかもすべて万事に古人が道破している。おかしくもあり、嬉しくもあり、癪《しゃく》でもあり、ありがたくもある。先生畏《おそ》るべく、後生愛すべし。

（荒井 桂氏紹介）

知識ではなく徳慧（人間）の学を身に付けるには、古典を学ぶしかないと思い手に取った本が安岡先生の本でした。東京の書店を巡り関連の本を全て購入し、読み込み非常に感銘を受けました。特に古典を明確な人間学（品格造り）に結び付け、具体的な実践方法まで著されている書籍は後生への最大の宝物であります。

日々の感謝の生活の中で究極の人間学を目指し、人の為、世の為と自分の居場所で愚直な努力をし、世の光明化の一助となる様一燈照隅を心掛けて過ごしていきたいものです。

杉浦 昭二（64歳・男性・静岡県）

# マザー・テレサ（修道女）

『致知』2016年8月号特集「思いを伝承する」

思考に気をつけなさい、それはいつか言葉になるから。
言葉に気をつけなさい、それはいつか行動になるから。
行動に気をつけなさい、それはいつか習慣になるから。
習慣に気をつけなさい、それはいつか性格になるから。
性格に気をつけなさい、それはいつか運命になるから。

（梅沢　辰也氏紹介）

思考→言葉→行動→習慣→性格→運命という連鎖反応に強く感銘を受けました。その中でも筆者は、言葉→行動を強調されています。日頃の言動が、最終的にはその人の運命までを左右するのだと肝に銘じながら、発する言葉を大切にしたいと思う。

当時、会社の事務所で、私の机上に置いた小さな掲示板に、この連鎖反応を示す言葉を順次書いて、毎日の朝礼で社員の皆様に説明しました。頷いてくれた社員には、良い思考や言葉は身体を浄化し、悪いそれらは身体を蝕んでいく。それはゆっくり進行していくものだと伝えることができたと思います。

中野　和彦（57歳・男性・熊本県）

## 皆藤　章（京都大学大学院教授・臨床心理士）……『致知』2016年10月号特集「人生の要訣」

「人間が生きる」ということは、決してマニュアルではなく、「このように生きた人がいる」ということを知ることで、人間の可能性を強く感じることができると思うんですよ。

私はセールスの研修講師で全国を飛び回っています。「『人間が生きる』ということは決してマニュアルではない」という言葉を受け、「人間力」を学ぶ必要があるということを教えるために『心に響く小さな5つの物語』を教材として活用しています。多くの研修生とともに、この物語の登場人物を通じて「人間力」を学んでいます。

山口　和子（59歳・女性・神奈川県）

## 山中　伸弥（京都大学ｉＰＳ細胞研究所所長）……………『致知』２０１６年10月号特集「人生の要訣」

何か悪いことが起こった時は「身から出たサビ」、
つまり自分のせいだと考え、
反対にいいことが起こった時は「おかげさま」と思う。

仕事などで良い結果が得られた時は「自分が努力したからだ！」と自分が原因と考える。反対に失敗した時などは「相手が悪い！　環境が悪い！」など、自分は悪くないと「言い訳に走る自分」を恥じた。それ以来、成功の原因は周りの支えてくれた人達であることが分かり、感謝の気持ちを持つようにしている。

須加　猛（49歳・男性・栃木県）

# 鈴木　秀子

（国際コミュニオン学会名誉会長）…………『致知』２０１６年10月号特集「人生の要訣」

愛なる神様はその人のためになるように計らってくださるので、何年か経って、「あのことが起きたおかげで」と思う日が必ず来ます。そして、人間の苦しみがあるところには、それを乗り越える力もまた与えられているんです。

夫が購読する『致知』に、鈴木秀子さんの言葉を見つけ、支えにして持病と上手く付き合えるようになりました。しかし一年前、難病の抗体を持っていることが判明し愕然《がくぜん》としました。更なる病、残酷な運命、何故神様は私に試練を与え続けるのか？　答えのない疑問に悩み苦しみましたが、一年経った今、深刻な症状はなく、日常生活を過ごしています。注意して生活すれば大丈夫と医師。鈴木秀子さんの言葉をかみしめながら、残りの人生を歩んでいきたいと思います。

原田　敬子（60歳・女性・福岡県）

# 下村　博文（自由民主党幹事長代行）

『致知』２０１６年10月号連載「二十代をどう生きるか」

人生における困難や苦労、挫折《ざせつ》、壁というのは、その人がより大きな任務を果たすために天から与えられた試練である。

「苦労して成功した人の本を読むのが好きです」と上司に言ったら、『致知』を一冊貸して下さり、それから年間購読をしています。

下村先生の文章は、私が幼少期から抱いていた疑問に答えて下さり、ぬくぬくとした環境の中で夢を持てずに悩んでいる若者にコピーを配っています。「実は、ぬくぬくとした今の日本の環境こそあなたへの試練よ」という言葉を添えて。　新宅　光穂（55歳・女性・東京都）

# 山野井　昌子（歌人）

『致知』２０１６年10月号連載「致知随想」

悠久を／煌《きら》めく星の／影仰ぐ／玉響《たまゆら》ながら／生命《いのち》は愛《いと》し

「永遠の宇宙の中に輝く星を仰ぐ時、
私たち人間の命は小さく一瞬のようだけれども、
一人ひとりの命は宇宙に二つと無い、愛しいもの」

壮大な宇宙から見たら、人間の存在は小さいが、その人なりの光を輝かせて人生を歩んでいけばよいという気持ちが込められた詩に感動しました。今の世の中は、まだ健常者と障がい者の間に垣根があります。お互いが助け合って、障がいが特別のものではないと皆が思える社会になっていけたらと思います。この詩を読んだ時、改めて一人ひとりの命は尊いものと思いました。友人たちのお誕生日カードに、この詩を添えて送りました所、皆、感動してくれました。

高橋　映子（57歳・女性・神奈川県）

# 溝呂木《みぞろぎ》　梨穂

『致知』２０１６年11月号特集「闘魂」

ぼんやりと生きてきたわけではありません。
ずっと、私は人間とは何なのかということを、
考えてきましたから。
私たちのような存在でも生きる意味があるのだから、
どんな人にも生きる意味があるということです。

御魂が宿り命が始まる早い段階で脳に障害を持ったとしても、人には言葉があることに驚いた。ベッドの上であろうと溢れる言葉を聴くことで、御魂が発動したのか。御魂の働きは脳の障害とは次元が違うのか！　そこに人の奥深い偉大さを感じた。言葉以前に備わっている偉大なものが言葉に出逢ったことで、生きる意味を内へ内へ自ら問う時間が生まれたのか。雑多なことに二十四時間囲まれて暮らす現代の私たちが見失っている大切なことは、自分の御魂と会話すること。それこそが、「自分を生きる」意味を知る唯一の方法だと確信した。

六車　瑞恵（62歳・女性・香川県）

鈴木　秀子（国際コミュニオン学会名誉会長）……『致知』2016年11月号連載「人生を照らす言葉」

どんな辛い体験にも意味がある。

導かれるように就いた教師。理不尽なことの多さに何度辞めようと思ったかしれない。その度に、自分を鼓舞し続け、大げさかもしれないが生きてきた。集大成として出会った言葉、一生忘れない。

加藤　博司（61歳・男性・福島県）

## 大谷　三穂（海上自衛隊護衛艦やまぎり艦長・二等海佐）……『致知』２０１７年１月号特集「青雲の志」

「一源三流」

国のために血を流し、家族のために汗を流し、

同僚・部下のために涙を流す。

この三つの流れは、同じ一つの価値観から派生している。

男性が多い職場で、私の心の支えは月刊誌『致知』でした。付箋を入れ、感動の言葉、生きる意味を見出す言葉にどれほど救われたか分かりません。この言葉に出会ったとき、明治四十四年に制定され、今なお掛川市内の、ある小学校の校訓に使われている事を知り驚きました。「人間の身体から流れ出るものに、血と汗と涙があり、この三流は誠の心という一つの源から流れ出る」ということです。校訓「一源三流　誠　勤労の汗・親切の涙・勇気の血」今も、天真爛漫《てんしんらんまん》な子ども達の心を掴み鼓舞しています。

石野　茂子（69歳・女性・静岡県）

# 特集総リード

『致知』2017年3月号特集「艱難汝を玉にす」

## 艱難汝《かんなんなんじ》を玉にす

長い間には、取引先の倒産、人間関係のトラブル、事故、災害など多くのマイナス経験をしたが、そのことは決して単なる不幸なことやマイナスな事象でなく、次への成長への糧になるという、勇気づけられる言葉だった。

友廣 和典（58歳・男性・広島県）

# 特集総リード

『致知』２０１７年３月号特集「艱難汝を玉にす」

艱難《かんなん》にあうのは不幸なことではない。これは人生経験の少ない人の良薬である。艱難を経験することで人は心を明敏にし、性格を練り鍛え、変化に対応する知恵を身につけ、物事を計画する力を養うことができる。まさに艱難によって人は力を得るのだ。

数年前、自分も中堅社員からベテラン社員へとなってくる中、困難なプロジェクトの陣頭指揮に立つ必要が出てきた。当然、失敗や事業の遅れが生ずれば、自分と上司の責任になるため、上司からはお前の責任でなんとかしてこい、とはっぱをかけられていた。

当社においても、他社と同じように心が病んでしまう人がおり、自分もそうなるかと思っていたときに、この言葉を知り、自分は今幸運であり、良薬をもらっていると思うと、心が救われました。

今では、どんな逆境があっても楽しんで引き受けられるようになりました。

藤田 久也（39歳・男性・愛知県）

# 坂村　真民（仏教詩人）……………………『致知』２０１７年３月号特集「艱難汝を玉にす」

## 苦がその人を　鍛えあげる　磨きあげる
## 本ものにする

（特集総リードより）

高校三年、大学でも頑張ろうと部活に励んでいた時、私は今までにない大怪我を負った。制服で病院へ行き、そのまま入院、手術。全てが混沌《こんとん》とする中、鮮明に覚えていることは「約一年はサッカーができないと思ったほうがいい」。そんな時にこの言葉と出会った。サッカーができないことは最大の苦しみだった。当時はできない私がいて、サッカーを観るのも辛かった。それでも、この苦が私を鍛えて、磨いて、さらに強くしてくれると信じて乗り越えてきた。今でもこの言葉は私の心にある。どんなに苦しくても、それは自分の強さに繋がると信じて。

内藤　孝穂（19歳・女性・愛知県）

# 山本　富造

(山本化学工業社長)

『致知』2017年7月号特集「師と弟子」

具体的なことは全然言わない。
だからといって何も教えてくれていないかというとそうではなく、
間接的に教えるのが上手でしたね。
知らんうちに刷り込まれているから、後でジワジワ来るんですよ。

本号の特集は「師と弟子」、記事を読み自分の師に思いを馳せた。師は私に『致知』を教えてくれた人である。一緒に濃密な時間を過ごせたのは私が学生の間の数ヶ月であるが、今でも折に触れてはあの人ならどうするだろうかと考えている。私は丁寧に色々なことを教えて頂きながら師の想いや熱意が私の身体の中に沁みこんでいるので、月日が経つにつれジワジワと出てくる様である。

加藤　真裕（34歳・男性・大阪府）

## 中村　秀太良

（招福樓大主人）…………………………『致知』2017年8月号特集「維新する」

料理にはつくり手の全人格が現れる。

生涯の師と仰いだ臨済宗妙心寺派元管長・山田無文《むもん》老師は、「人間の親切と誠実と勘のよさがもっともよく表れるものは料理である」と料理の定義をくださいました。

結婚して以来、妻の家族にはとてもよくしてもらっている。四人兄妹の妻は大家族であり、大勢で料理をいただくこともしばしば。その食事（食卓）が格別である。夫婦間、兄妹間、家族間での細部にわたる相手への深い想いが伝わるのだと思う。この言葉の通り料理には全人格が表れるのだと感じます。毎日つくってくれる妻の食卓も同じくである。私の転機は妻との出会い、それと『致知』との出会いだと思っております。これからも夫婦で『致知』に学び、精進していきたいと思います。須田　怜太（33歳・男性・千葉県）

# 津田　幸男（筑波大学名誉教授・社会言語学者）

……………『致知』2017年8月号連載「意見・判断」

日本語は日本民族そのものです。
日本精神の支柱である日本語が衰退した時、
勤勉性や謙譲といった日本の美徳も失われていくでしょう。
日本語は、日本を護る精神的防波堤でもあるのです。

私は海外生活四十年になり、母国を愛しています。この地は、人種、民族、文化、母国語が異なる人々が多い地域です。この環境で民族や人種の違いを乗り越えてともに生きるためには、人は自分の母国語を大切にして、民族の誇りや文化を守ります。こうしたアイデンティティの確立ができない場合は、根無し草となり、何のために異国で生きているのかを見失うことになります。

言葉は文化であり人魂なのです。特に日本語は、世界でも稀な美しい言語です。美しい日本語を話す人は、第二言語も美しくなるのです。母国語を大切にしたいと思います。

土田　三郎（74歳・男性・アメリカ）

唐池 恒二（九州旅客鉄道会長）……………………『致知』2017年9月号特集「閃き」

まず夢を見なければ、
「ここに行きたい」と思わなければ、
到達するわけがないですよね。

私自身、自分の未熟さから高い目標を持つことに対して遠慮してしまいがちだったのですが、夢を描かなければ、それは自分の実力に関係なく叶うわけがないということに気づかされました。確かに、総理大臣になりたいと思わない人が総理大臣になるわけがありません。夢を見るということは既に夢に一歩近付いているのだと思いました。

竹本 真理（18歳・女性・熊本県）

## エジソン（発明家）…………『致知』2017年9月号特集「閃き」

# 私は六十七歳ですが、明日一からまた出直します。これからはいままで以上の成長を続けてみせる。へこたれるものか。

（桑原　晃弥氏紹介）

六十歳を過ぎた頃からそろそろ仕事を引退するべきだろうと勝手に自分で線引きしておりました。

だが、エジソンは六十七歳でウエストオレンジにある研究所と蓄音機の工場が爆発炎上し、ゼロからの再出発を余儀なくされたが諦めない。

当時の六十七歳といえば、今では八十歳、九十歳に相当する年齢。それに比べて私は何を考えているのだろうと目が覚めた思いでした。

長尾　憲（63歳・男性・埼玉県）

山田　方谷（幕末の政治家・陽明学者）……………………『致知』２０１７年10月号特集「自反尽己」

# 事の外に立ちて、事の内に屈せず。

（大橋　洋治氏紹介）

物事を考える際には客観的、大局的な視点が必要なことがあります。この言葉は行き詰まったときはもちろん、平素より自分を律し、初心に返ることができます。

岡　誠（43歳・男性・京都府）

# 山田　方谷（幕末の政治家・陽明学者）

……『致知』２０１７年10月号特集「自反尽己」

## 至誠惻怛《しせいそくだつ》

（野島　透氏紹介）

会社で居場所が無くなり孤独に沈んでいた時、ロビーで誰も読んだ形跡が無い『致知』に目が留まった。読み進める内に沢山の人物の言葉から励まされ、会社はその後倒産し新会社に引き継がれたが、会社人生は全うできた。私以外に読み手の無いこの雑誌は必ず私のものになり、その後現在まで定期購読している。私自身も勤めた企業も「至誠惻怛」の志が足りなかった事に思い至り、あらためてこの言葉を自分の生き方の指針として、明るく第二の人生を歩んでいる。

塩野　正弘（66歳・男性・岡山県）

## 田口　佳史（東洋思想研究家）

『致知』２０１７年10月号特集「自反尽己」

公の最たるものは何かというと、「天に代わって」という姿勢です。天に代わって仕事をやっているのか、天に代わって生きているのか、それを自らに問いながら己を尽くす。「自反尽己《じはんじんこ》」という言葉に尽きると私は思います。

私は社会人として働く際に、公の仕事がしたい、生まれ育ったまちの発展に貢献したいと考え、数ある仕事の中から公務員の仕事を選択しました。それから二十年が経過しましたが、田口先生のこの言葉に出会い、自分がなぜこの仕事を選択したのか、今どのような姿勢で仕事に取り組んでいるのか、また取り組むべきかについて改めて自分に問いかける機会を得ました。自分の仕事はどれだけ誠意が込められたものなのか。どれだけ住民の皆様のお役に立っているのか。これからも「自反尽己」を胸に刻み日々精進していきたいと思います。

高橋　智祥（43歳・男性・愛知県）

## 永山　友美子（オペレッタ作家）……………………『致知』2017年10月号連載「致知随想」

# 子供は親の〝言うとおり〟にはしないが、〝するとおり〟にする。

　現在子育て真っ最中の私。子供は言ってもなかなか態度は変えない。親の振る舞いやあり方をよく見ているのだ。部下の育成も同じではなかろうか。あれこれ言うよりも尊敬できる上司、親になるようにする。自分自身のありようが問われている。

大畑　勝慶（35歳・男性・静岡県）

# 小山　進

（パティシエ　エス　コヤマ　オーナーシェフ）……『致知』2017年11月号特集「一剣を持して起つ」

## 人の多い立地が成功するというビジネスの概念が通用しない店を自分がつくるんだと固く決意した。

私は、去年（二〇一七年）の八月から、三年の夢であったカフェを開店することが出来ました。カフェがある周辺が、とても田舎なので、全く人通りがありませんし、この辺に住んでいる方は場所を知っていてもそれ以外の方はわかりづらく、迷われる方がたくさんいらっしゃいます。大自然が広がり、穏やかでのどかな場所ですが、中々お客様も、行きづらさがあるのかなと思う日々を過ごしています。けれども、この言葉を読んだ時にハッとしました。小山進さんの固い決意をそのまま私にも決意させられました。あれから一年が経とうとしていますが、お陰様で去年よりかはお客様のご来店人数が増加しました。しかしまだまだだと思っています。今後もこの言葉を念頭に、頑張ります。ありがとうございました。

有働　知美（31歳・女性・北海道）

## 坂井　宏行（ラ・ロシェル　オーナーシェフ）…………『致知』２０１８年1月号特集「仕事と人生」

俺は一生料理の道で生きていくという軸を
絶対ぶらさなかったからこそ、
何があっても耐えられた。
描いた夢をいくつも達成できた。

私の職業は自動車整備士です。整備士として、将来絶対に叶えたい夢や目標を数えきれないほど持っています。仕事をする中で、時には辛い事や、挫けそうになる事もありますが、そんなとき、この言葉を思い出し、「絶対ぶれずに夢を叶えてみせる！」と、心の中で叫ぶことで、一つ一つ、壁を乗り越え、夢に向かって前進する毎日を送っています。私にとってこの言葉は人生の御守りです。私とこの言葉とを巡り合わせて下さった、『致知』と、そして恩師に感謝しています。

宗宮　大顕（25歳・男性・和歌山県）

# 井村　雅代

（シンクロナイズドスイミング日本代表ヘッドコーチ）『致知』２０１８年１月号特集「仕事と人生」

日々の目標とは、一歩前への努力で叶《かな》えられる目標。
毎日毎日進化していくことが大事なんだ、
一ミリの努力、一秒の努力の積み重ねが
大事なんだと繰り返し言って聞かせました。

「一ミリの努力」という言葉に共感します。階段を上ることで考えればよく理解できます。昨日より今日は一ミリ高い位置にいる自分。毎日一ミリの努力を続けると一ケ月後は三センチの高さ、一年後は三十六・五センチ。駅の階段なら二段目の高さです。そして十年続けると三百六十五センチ、ビルの二階の位置にいます。これを二十年続けると三階、三十年続けると四階の高さにいます。一日一ミリの努力でも積み重なると、当人の立つ位置が大きく変わってきます。気がつけば見える景色も大きく変わり、遥か遠くまで見通すことができる成長した自分がそこにいます。

横田　龍男（64歳・男性・香川県）

# 松下 幸之助（パナソニック創業者）……………………『致知』2018年2月号特集「活機応変」

結核にかかった以上、死ぬのは避けられない。
兄二人も結核で死んだのだから、
自分もジタバタしてもダメだ……。
しかし、ただ寝て死を待つというのは面白くない。
働ける間は大いに働こう。

（特集総リードより）

人が死に直面した時に、こんな風に考えられるのだろうかと衝撃でした。私がこの世に生を受ける何年も前、兄を小児癌《がん》で亡くした両親は、命というものを初めて意識し、生かされていると感じたそうです。「人間いつ死ぬかわからないから、今を一生懸命に生きなさい」と言ってくれたことを思い出させていただきました。今を活かすことの繰り返しで、悩んでいたこと、仕事も人間関係も動き始め、これからは人を活かすことができるように、私自身が変わっていこうと思えるきっかけになりました。この言葉に出会えたことに感謝致します。

坂田 浩司（32歳・男性・香川県）

# 羽生　善治（将棋三冠）

……………………『致知』２０１８年３月号特集「天　我が材を生ずる　必ず用あり」

## 十年、二十年、三十年、同じ姿勢、同じ情熱を傾けられることが才能だと思う。

（特集総リードより）

この言葉に出逢うまで、私は才能とは生まれ持ったものであり、変えられないものだと思っておりました。しかし、何十年も同じ姿勢で同じ情熱を持ち続けることは誰にでも出来ることではなく、続けることこそ才能だということを学ばせていただきました。

今私の所属している部活動では、人間性と専門性を日々学ばせていただいていますが、まだまだ勉強が足りておらず出来ないことを周りの人と比べてしまっておりました。しかし今出来ることが大切ではなく、その姿勢を続けることが大切だと気付かせていただいたので諦めずこの先も続けていきたいと感じました。

大森　美鈴（17歳・女性・熊本県）

# 越智　直正（タビオ会長）

……………………『致知』２０１８年３月号特集「天　我が材を生ずる　必ず用あり」

嘘をつかない、約束を守れるかどうか。
思いやりの心に溢れてるかどうか。
厳しさがあるかどうか。
勇気があるかどうか。
これがリーダーの五徳やと。

私は今部活を引っ張っていく三年生として、後輩の手本となるような人財《じんざい》にならなくてはなりません。その後輩たちのリーダーとしてこの五徳は心に刺さるものがありました。果たして自分自身は嘘をつかないや思いやりの心など、人生に対して出逢ってきた人々に対して真摯に向き合ってこられたでしょうか。この言葉は、リーダーとして、一人の人間としてまっすぐ生きていこうという志をおもいださせてくれます。社会にでて日本の支えになるためにもこの言葉を胸に日々精進してまいります。

前田　彩衣（18歳・女性・熊本県）

『致知』2018年3月号連載「生涯現役」

# 常岡 一郎

一つの道を開こうと思ったら全部捨てて空になりなさい。
自分を捨てることで天が応援してくれる。
天の経済学は愛が資本だ。
（東城 百合子氏紹介）

悩んでいる人を助けたい。と思う反面、それで稼げるのだろうか？ という心の葛藤がありました。頭では、人のために働けば、いつかはお金がついてくる。と理解していても、確信がもてず、悶々《もんもん》として日々を過ごしておりました。そんな時、人生の大先輩である九十二歳の東城さんの言葉に出会ったのです。救われました。まずは、人のために動く。そして継続する。ということの大切さを教えていただきました。もう、迷いません。少しずつコツコツと、人のために！ を念頭に日々を過ごして参りたいと思います。ありがとうございました。

小野田 泰子（50歳・女性・愛知県）

# 坂村　真民（仏教詩人）

『致知』２０１８年４月号特集「本気　本腰　本物」

この道はあきることはない
あきる道は本物ではない
この仕事はあきることはない
あきる仕事は本物ではない

（特集総リードより）

私は強く感銘を受けたこの詩を選ばせていただきました。坂村真民先生の一日一言を愛読させていただいている私は、この詩と出会い、さらに坂村真民先生に夢中になりました。また、自分が進んできた道、進むべき道に自信と志を持つことができました。今いるこの恵まれた環境の中で自分の志す道を究め、本物にしていくと同時に、すべての出来事に感謝し日本の支柱となる人物になります。そして、熊本の偉人である坂村真民先生のように常に誰かの原動力となる人財を目指し、日々精進します。

三池　康太（17歳・男性・熊本県）

## 森　信三（哲学者）

『致知』2018年4月号特集「本気　本腰　本物」

# 〝人生でどのような出来事に遭遇しようとも、天の命《めい》として謹《つつし》んで受けなさい〟

（北尾　吉孝氏紹介）

人との出会いが必然であるように、よい言葉との出合いも亦《また》必要あっての事。と思っていても時には頭をもたげる一憂の思い出がある。七歳で父の戦死、十一歳で母の他界。どん底にいたこの時期に、これが天の意思であり計らいであると素直に受け入れることなど到底できるものではありませんでした。

永きに亘《わた》り齢《よわい》を重ねた今、北尾吉孝様の丁寧な解説により謹んでお受けしています。

伊東　貴美子（86歳・女性・滋賀県）

『致知』2018年4月号特集「本気　本腰　本物」

## 森　信三（哲学者）

**いやしくもわが身の上に起こる事柄は、そのすべてが、この私にとって絶対必然であると共に、またこの私にとっては、最善なはずだというわけです。それ故われわれは、それに対して一切これを拒まず、一切これを却《しりぞ》けず、素直にその一切を受け入れて、そこに隠されている神の意志を読み取らねばならぬわけです。**

（北尾　吉孝氏紹介）

この言葉に出会うまでの私は、自分の周りで起こる出来事について行くのが精一杯で、心にゆとりのない日々を過ごしていました。

そんなある日、二〇一八年四月号の『致知』を読んでいる際に、この言葉が目に入り、釘付けになったことを覚えております。人生でどのような出来事に遭遇しようとも、天の命として謹んで受けなさい、という教えは、何か嫌なことや辛いことがある度《たび》に目を背け、「運が悪かった」などと口にしていた私の心に重く響きました。これまで卑屈でマイナス思考だった私の考えを変えるきっかけとなった言葉です。

この日から、なにか上手くいかないことや辛いことがあっても、「神様が与えてくれた、自分を成長させるチャンス！」と真摯に受け止め前に進めるようになりました。この先の人生で自分の身に何が起ころうとも、それが自分にとって最善だと受け止め、最後まで全力をつくそうと肝に銘じています。

岩下　千夏（17歳・女性・熊本県）

＊＊

熱意と誠意を持って学生を指導していたつもりが突然役職を解かれた時、大いに悩み苦しんだが、研究で結果を出す事に集中し三年後学位論文が完成した。数年後『修身教授録』を拝読し、苦悩と悩みは絶対必然であったと納得。日本移住が決まりニューヨークを発つ直前に友人から職場の悩みを相談された時、この言葉（最善観）を伝えた。友人は退職後の人生設計も含めた勤務に変え二年後会社が閉鎖した直後、別会社に採用され社長秘書として現在生き生きと仕事に精進している。最善観のお陰で目の前に起こる事柄にポジティブに対処できる平穏な日々に感謝で一杯です。

長倉　節子（68歳・女性・岡山県）

山田　重雄（ＬＡエンジェルス創設者）……『致知』２０１８年４月号特集「本気　本腰　本物」

自分の人生は自分で
つくらなければならない。

（中田　久美氏紹介）

『致知』で多くの方の言葉を拝見する。素晴らしい生き方、苦労した生き方、自分とは違う生き方。多くの人の考え方を学びながらも結局は、それを糧にして、人とは違った自分の人生を自分で生きていかなければいけないということを改めて考えさせられる言葉です。

山田　潤（34歳・男性・長野県）

米田　肇（HAJIMEオーナーシェフ）……『致知』2018年4月号特集「本気　本腰　本物」

初めのうちはあまりの仕事量に頭が真っ白になっていましたが、ある時、「どんなに頑張っても手は二本なのだから、落ち着いて速く手を動かし続けるしかない」と気がつきました。

シンプルな言葉に「なるほど」と勇気をいただきました。テキパキと仕事を進めたい気持ちが、気負いや焦りに変わっていくと、全体を見る視点が欠けて見落としや見逃すことが増え、結果的に仕事の質・量が落ちてしまうことを何度も経験しました。心はホットに、頭はクールに、落ち着いて仕事を進めていくことが最良の結果を生むと痛感しています。

松本　幸治（35歳・男性・和歌山県）

## 山田　和昭

（津エアポートライン　シニアエキスパート若桜鉄道前社長）……『致知』２０１８年４月号特集「本気　本腰　本物」

最後の「本物」、これは自分が決めることではなくて、
周囲の人や後世の人から、
あの人は本物だと認められるものだと思います。

整骨院で勤務をさせてもらっている中で、我々は本気で患者様が一日でも早くよくなってもらうために日々勉学と技術の研鑽《けんさん》に励んでおります。
その中で「ここの整骨院は本物やな」「ここの整骨院なら治してくれる」と期待を持って何時間も掛けてご来院されます。
その患者様が求めている期待以上のものを提供でき、喜んで帰って下さる姿や立てなかった患者様が立てるようになり歩いて帰られる姿など……そのような姿を見た患者様やうわさが口々に広がり沢山の方々に「本物」と認めてもらえた時の嬉しさというものはこの上ない喜びとなりました。

坂本　佳子（27歳・女性・三重県）

# 稲盛　和夫

（京セラ名誉会長・日本航空名誉会長）…………『致知』２０１８年５月号特集「利他に生きる」

〝いまある目の前の仕事に脇目も振らず、
全身全霊を懸けることによって、
必ずや新しい世界が展開していく〟
〝どんな環境にあろうとも真面目に一所懸命に生きる〟

私は腰の手術後、退院して八年になるが今も腰痛と腰から両足裏までの強い痺《しび》れに悩まされ、外出の際は、妻の介助で車いす利用。主治医のアドバイスで自宅リハビリもしているが、その折、稲盛和夫氏のインタビュー記事を眼にした。何事にも全身全霊を懸ける、利他の心を持って生きる、この言葉が強く心に響いた。ともすれば手を抜いてしまう自宅リハビリ、自分中心に物事を進めがちの生き方。読後、思わず辺りを見回した。

自分の一挙手一投足に当てはまる。しっかり心に秘め、今後の人生を豊かなものにしていきたい。

黒木　充生（77歳・男性・大分県）

## 稲盛　和夫（京セラ名誉会長・日本航空名誉会長）

……………『致知』２０１８年５月号特集「利他に生きる」

人生で一番大事なものというのは、
やはり利他の心、皆を幸せにしてあげたいということを
強く自分に意識して、
それを心の中に描いて生きていくことです。

父が入院中の病室で看護の合間に読み、感銘を受けた言葉です。父の余命がいくばくもないことがわかった時期で、父の教えを受け継ぎ、これからの人生の指針となる言葉を探していた時でした。父が残した「世のため人のため」という言葉と重ねながら、やはりこの考え方が人生で一番大切なんだと感じ、勇気を頂いた言葉です。

荒川　貴雄（34歳・男性・大阪府）

## 皆藤　章（京都大学大学院教授・臨床心理士）……『致知』２０１８年5月号特集「利他に生きる」

河合隼雄先生は最終講義で
「何もしないことに全力を注ぐ」とおっしゃいました。
これは相手との一体感の中に自分がいる、
という意味で、ものすごい言葉だと思うんです。

今から十八年前、私は人生最大の危機的状況に立たされていたことがありました。その時、父が「何もできないが、そばに居るだけでいいか」と言って、寄り添い支えてくれたのです。

ボランティアグループ内で起きたエゴのぶつかり合いによるドロドロ劇の中、父は、私と一緒に悩みもがき苦しんでくれました。緊張と不安で押し潰されそうになっていた私を必死で守ろうとしてくれた父の優しさ。今でも私の心の奥深くに刻まれています。

あの時の父のケアこそ、まさに、河合先生のおっしゃる「何もしないことに全力を注ぐ」を体現したものと思えてなりません。

麻倉　さち子（67歳・女性・静岡県）

## 脇谷　みどり（作家）……『致知』２０１８年５月号特集「利他に生きる」

「あんたが変わらなければあかん」
山崎（駅）で、私は「変わろう」と誓いました。かのこが歩けないからって何が悪いの。歩けなくても、世界一幸せな子にしてやろう。夫も私が精いっぱい助けて、一流の学者にしよう。そして私も、諦めていた文章を書いてお金をもらうことにもう一回挑戦しようと。

自閉症の息子がいます。なぜ自分の子だけが不幸に、という被害妄想を持ちながらも建前《たてまえ》は「平気」を取り繕っていました。でも一人になると涙が止まらない日々。ある日読んでいた『致知』から突然目に突き刺さった言葉。「あんたが変わらなければあかん」。同じ障害のあるお子さんを育てた脇谷さんを奮い立たせた言葉でした。ああ、息子の障害を私は他の何かのせいにして生きているんだなと実感させられた一言でした。自分が変わらなきゃだめだと、この言葉で目が覚めました。以来この記事をコピーして持ち歩き毎日この言葉を必ず音読します。

巴　由紀子（46歳・女性・神奈川県）

## 脇谷　みどり（作家）

『致知』2018年5月号特集「利他に生きる」

昔は不幸の種のように周りから言われていたかのこは、いまはダイヤモンドの種になりました。考えて、実践して、挫折して、また、学んでいく中で自分自身も打たれ強く、したたかで、とてつもなく豊かな心になっていることに気がつくのです。

息子（長男）のことで、毎日心の休まることがなく「なぜ私の気持ちを分かってくれないのか」と心で責め続ける毎日でした。この記事を読み、涙がとめどなく流れました。私は息子に教えられていると気が付いたのです。たしかに、一緒に仕事をするようになってから、何とかしっかりした人間になってほしい、立ち直ってほしいと真剣にならざるを得なくなり、考えて実践して、挫折して、学んでゆく中で、次第に私の心の辛抱がしっかりとしたものに変わってきていることに初めて気が付きました。息子にしっかりと学び、息子はダイヤモンドの原石だったといえるよう今後息子と、とことん付き合ってゆきたいと思えるようになりました。感謝！　合掌!!

鈴木　功（63歳・男性・ブラジル）

## 柳澤嘉一郎（筑波大学名誉教授）……『致知』2018年5月号特集「利他に生きる」

**利他的な遺伝子に比べ、利己的な遺伝子の影響力のほうが強いことは、進化論からも明らかですが、その中にあって人がよりよく生きるためには、利己性と利他性の適切なバランスをとることが大切だと私は思います。**

学生時代、ハンディのある子供たちを対象にボランティア活動を行ったことがある。しかし、当時はボランティアの言葉もなく、偽善者との批判もよく浴びせられた。しかし、阪神大震災を契機に、全国から百万人もの若者が、誰に言われた訳ではなく続々と復興に立ち上がった。東日本大震災の時もそうであった。日本人の利他的な遺伝子が目覚めた瞬間だ。

日本人の魂の中に利他的な遺伝子が刻み込まれている。ここからよりよき世界が広がると信じたい。

竹村 正章（75歳・男性・福岡県）

渡部　玄一（チェリスト）……………………『致知』２０１８年６月号特集「父と子」

# 運命を愛する心ですね。

運命とは？

なんの因果か知らないけれど両親のもとに生を授かり八十一歳のこの歳まで生かされてきておりますが、その都度様々な事柄に翻弄《ほんろう》され、暗中模索の葛藤をしながら自己向上を目指して参りました。しかし、この歳になっても一向に変わりえない自分自身との葛藤の日々を送っております。「運命を愛する心」この言葉を反復、反芻しながら、これからの自分を思い描きながら楽しみに生きる大きな目標ができました。

ありがとうございました。

湊　陽子（81歳・女性・アメリカ）

# 千　玄室（茶道裏千家前家元）……………………『致知』2018年6月号連載「巻頭の言葉」

何でもなくいただいているものに対して、
その根源を知り、
ありがたい気持ちを持つ事が大切な栄養になる。

千玄室氏のお言葉から、お茶は世界中で味も飲み方も違うけれど喉《のど》を潤すだけでなく、心を癒やす作用がある素晴らしいものだと改めて思います。

私はお料理教室の先生をしており、旬の食材を余す事なく食べる、一物全体という考え方を取り入れています。お野菜の皮などにも大切な役割がある事を初めに説明してから調理を始めますが、食材そのものだけでなく全てのことに感謝をしなければ申し訳ないと改めて気づかせていただきました。私達の大切な栄養になるように、感謝の心も忘れずにお伝えしたいと思います。

長尾　睦子（56歳・女性・東京都）

## 特集総リード……………………『致知』2018年7月号特集「人間の花」

# 花はすぐには咲かない。凡事の徹底と長い歳月の掛け算の上に咲くものであることを忘れてはならない。

この言葉から二つ得ることができました。

一つは、小さな積み重ねが花を咲かせるということ。例えば積み木。早くよい結果を出そうと縦に積むと崩れやすいが、横に積むと崩れにくい。

そしてもう一つは、厳しさです。「花はすぐには咲かない」これは実はとても厳しい言葉だと思います。「すぐに咲かなくてもいいのですよ」とは言っていません。「咲くまで続けなさい」ということだと感じました。

菅原　達雄（41歳・男性・大阪府）

## 松岡 修造

（スポーツキャスター）……………………『致知』2018年7月号特集「人間の花」

独立決断／自分はけが、病気は絶対しません／怒らず恐れず、悲しまず／正直、親切、愉快に／力と勇気と信念を持って／自己に対する責務を果たし／愛と平和とを失わざる今日一日／厳かに生きていくことを誓います。

松岡修造さんの力強いスパルタ教育で自分に対する自己暗示、テニスを通じて特訓をしている様子をこの言葉から感じられ、選手宣誓に始まり、これから試合が再開されるかのように自分も引き込まれました。『致知』購読歴はまだ浅いですが、この人間の花の対談の中から、自分の花を咲かせるために大事なことは、心の声を聞く力を持つことだということにも非常に強い感銘を受けました。

池添 初美（53歳・女性・兵庫県）

中山 恭子（参議院議員）……『致知』2018年7月号特集「人間の花」

# いつの日か、もう一度桜を見よう。

『致知』を読んではじめてソ連軍によってウズベキスタンに強制的に移送され労働を強《し》いられたことを知りました。日本人の若者二万五千人もがウズベキスタンのかつて砂漠であったところに運河や発電所を作り、緑豊かな良い環境に変貌させたこと、何と素晴らしいでしょう。抑留《よくりゅう》生活にもかかわらず、辛く厳しい仕事であっても励まし合いながら勤勉に几帳面に工夫して立派な仕事をやり遂げました。いつ帰れるか分からなくとも「いつの日か、もう一度桜を見よう」を合言葉に、その様な立派な軍人さんがいらした事、日本人として大きな誇りに思いました。

荒見 美予子（77歳・女性・東京都）

# 編集後記

最近、『致知』の読者からこのようなお手紙をいただきました。

拝啓

日本列島は猛暑の今日この頃です。貴社におかれましては益々ご発展のこととお喜び申し上げます。私は今回、西日本豪雨の被害をこうむった岡山県倉敷市真備町箭田《まびちょうやた》に住まいする『致知』の愛読者です。一言お礼が言いたくてペンを取らせていただきました。

七月七日西日本豪雨で約三十年間愛読した『致知』と致知出版社の本、今までコツコツと築き上げてきた家が、水害のため一瞬のうちに失われました。

妻が被害の大きさのショックと心身の疲れで病院にまいりました。待合室に『致知』の月刊誌がありました。段ボール箱に「自由にお持ち帰り下さい」と書かれた中に二冊の『致知』がありました。二〇一一年九月号と二〇一七年三月号でした。これから先、私が復興に向けての心のよりどころと指針になる内容が書かれていました。病院の方の了解を得ていただいて帰りました。

毎月初めに楽しく読ませていただいておりましたが、愚かな私は災害に遭い、改めて『致知』のすばらしさが身に染みてわかりました。

一人でも多く『致知』の読者が増えることを望んでおります。

これからも精いっぱい頑張っていきたいと存じます。

貴社のますますのご発展をお祈り申し上げます。

敬具

小林敦二

小林さんが手にされた『致知』の特集テーマは、二〇一一年九月号が「生気湧出《せいきゆうしゅつ》」。二〇一七年三月号が「艱難汝《かんなんなんじ》を玉にす」。

この二つの特集から、苦境のただ中におられる小林さんが心の拠《よ》り所となり指針となる言葉を見つけて下さったと伺い、そのことを、心から嬉しく思います。

小林さんのお手紙を拝読し、七年前、東日本大震災の折に宮城県の阿部知子さんからいただいたお手紙を思い出しました。

《私は『致知』が届くのを楽しみにしている一人です。主人が先に読み、早く私に回ってこないかと思いながら、奪うようにして読ませていただいています。

今回、震災で会社（女川町）と自宅（石巻市）が流出してしまいました。それでも『致知』に励まされ、とにかく〝前進あるのみ〟とやっております》

『致知』は今年の九月一日号で創刊満四十周年になります。

「人生と仕事に真剣に生きる人の心の糧になる」が『致知』の創刊理念です。その理念を高め、深めることに精励してきたのがこの四十年だったといえます。その過程で、実にたくさんの人からお便りをいただきました。

「『致知』に出会って救われた」

「『致知』に出会ったから今日の自分がある」

「もっと早く出会いたかった」

など、『致知』との出会いを心から喜び、感動してくださるお便りから、言葉が人生を真剣に生きる人にとってどれほど大きな力になるかを教えていただきました。そしてそれが、『致知』の何よりの活力となりました。

本書は『致知』創刊四十周年の読者参加企画の一環です。読者の皆さまに『致知』に出会って感動された言葉を選んでいただき、その言葉にまつわる思いを綴っていただきました。応募作品の中から百二十篇を選び、本書に収めさせていただくこととい たしました。しかし、ここに掲載できなかった作品にも心に染みるものが数多くあり、いただいた作品の一つひとつに込められた思いはこれからの『致知』に活かさせていただきたいと存じます。

本書に記された言葉が機縁《きえん》となり、言葉の力を得て新たな人生の一歩を踏み出していく人の一人でも多からんことを祈念してやみません。

平成三十年九月吉日

藤尾秀昭

〈編者略歴〉
藤尾秀昭（ふじお・ひであき）
昭和53年の創刊以来、月刊誌『致知』の編集に携わる。54年に編集長に就任。平成4年に致知出版社代表取締役社長に就任。現在、代表取締役社長兼編集長。『致知』は「人間学」をテーマに一貫した編集方針を貫いてきた雑誌で、平成30年、創刊40年を迎えた。有名無名を問わず、「一隅を照らす人々」に照準をあてた編集は、オンリーワンの雑誌として注目を集めている。主な著書に『小さな人生論1〜5』『小さな修養論1〜3』『小さな経営論』『心に響く小さな5つの物語』『プロの条件』『人生の大則』『長の十訓』『人生の法則』などがある。

言葉は力 2018

平成三十年九月二十三日第一刷発行
平成三十年十月 十五 日第二刷発行
編 者 藤尾 秀昭
発行者 藤尾 秀昭
発行所 致知出版社
〒150-0001東京都渋谷区神宮前四の二十四の九
TEL（〇三）三七九六—二一一一
印刷・製本 中央精版印刷
落丁・乱丁はお取替え致します。 （検印廃止）


ISBN978-4-8009-1187-2 C0095
ホームページ http://www.chichi.co.jp
Eメール books@chichi.co.jp